Himmlisch
genießen

Mit Fotografien von Sandra Then
und Rezepten von Kornelia Kraemer

Martina Baur-Schäfer
Ulrike Verwold (Hrsg.)

Himmlisch genießen

Gutes für Leib und Seele

Inhalt

- 10 . *Himmel und Ääd* (1. Mose 1,1)
- 14 . *Schmorgemüse auf Reis* (1. Mose 1,29)
- 19 . *Vanillequark mit Maracuja* (1. Mose 2,15)
- 22 . *Apfeltarte* (1. Mose 3)
- 26 . *Heiße Schokotörtchen mit Vanilleeis und Schlagsahne* (1. Mose 8,22)
- 30 . *Thai-Curry auf Reis* (1. Mose 18,12)
- 35 . *Sandkuchen mit Sternanis* (1. Mose 15,5 und 22,17)
- 38 . *Rote Linsensuppe* (1. Mose 25,29–34)
- 43 . *Chili con Tofu* (1. Mose 27)
- 46 . *Puderzucker-Herzen* (1. Mose 33)
- 51 . *Krustenbraten mit gefüllten Kartoffelklößen an Apfelrotkohl* (1. Mose 43)
- 56 . *Apfelkuchen à la Charoset* (2. Mose)
- 60 . *Lammkeule mit Rosmarinkartoffeln* (2. Mose 12)
- 64 . *Gebratene Dorade* (4. Mose 11,5)
- 65 . *Kürbisspalten aus dem Ofen* (4. Mose 11,5)
- 66 . *Buntes Herbstgemüse in pikanter Tomatensoße* (4. Mose 11,5)
- 66 . *Gewürfelte Wassermelone mit Feta* (4. Mose 11,5)
- 70 . *Milchreis türkischer Art* (5. Mose 27,3)
- 75 . *Brotsalat mit Tomaten* (Rut 2,14)
- 78 . *Rosinen- und Feigenkuchen* (1. Samuel 25)
- 82 . *Käsecreme* (2. Samuel 17,27–29)
- 82 . *Bohnensalat* (2. Samuel 17,27–29)
- 83 . *Vollkornbrot* (2. Samuel 17,27–29)
- 86 . *Schoko-Bananen-Torte* (Nehemia 8,10)

90 . *Gemüsecurry auf Couscous* (Sprüche 15,17)

95 . *Traubenkuchen mit Mandelstiften und Hagelzucker* (Hoheslied 2,5)

99 . *Gefüllte Teigtaschen* (Jesaja 28,23–29)

100 . *Gurkensalat* (Jesaja 28,23–29)

104 . *Gemüsesuppe* (Daniel 1)

108 . *Focaccia* (Matthäus 6,9–13)

113 . *Fingerfood mit Forelle* (Matthäus 14,13–21)

116 . *Kalbsgulasch mit Nudeln* (Lukas 15,11–32)

120 . *Pommes frites* (Lukas 19,1–10)

124 . *Salat mit Thunfisch und Ei* (Lukas 24,36–48)

128 . *Weinschorle mit Minz-Eiswürfeln* (Johannes 2)

132 . *Polenta mit Ziegenkäse und Traubenchutney überbacken* (Johannes 15,1–5)

136 . *Kesselsknall mit Apfelmus* (Offenbarung 21,1)

138 . *Zucchinipuffer mit Birnenspalten* (Offenbarung 21,1)

140 . *Neuer Himmel und neue Erde – für mich*

142 . *Der Kirchenpavillon*

144 . *Impressum*

Vorwort

AM ANFANG SCHUF GOTT HIMMEL UND ERDE.

Damit fängt alles Leben an, und damit fängt dieses Kochbuch an: mit »Himmel und Ääd«, einem Rezept für ein leckeres Gericht, verbunden mit einem kurzen Impuls: anregend, wohltuend und gut verdaulich!

Was Sie in den Händen halten, ist ein unübliches »biblisches Kochbuch«, vielleicht sollte man es eher ein kulinarisch-theologisches Lesebuch nennen? Mit über dreißig Gerichten kochen Sie sich einmal quer durch die Bibel – vom Schöpfungsbericht im Alten Testament bis zur Offenbarung im Neuen Testament, wo es dann wieder um »Himmel und Ääd« geht: »Und ich sah einen neuen Himmel und eine neue Erde …« (Offenbarung 21,1). Manchmal passen die Gerichte unmittelbar zum biblischen Text, wie bei Esaus Linsengericht, manchmal übertragen sie den biblischen Impuls eher symbolisch in die heutige Küche, wenn zum Beispiel heiße Schokotörtchen mit Vanilleeis den Bibelvers quasi im Mund schmelzen lassen: »Solange die Erde steht, soll nicht aufhören Saat und Ernte, Frost und Hitze« (1. Mose 8,22).

»Gewürzt« ist dieses Kochbuch mit geistlichen Impulsen von Ulrike Verwold, Pfarrerin im Kirchenpavillon Bonn. Sie setzt die einzelnen biblischen Geschichten in einen Dialog mit dem ganz normalen Alltag – ein Dialog zwischen Himmel und Erde. Zielsicher spürt sie auf, wo sie mit Ihrem Leben, Ihrem Alltag in Beziehung geraten könnten und formuliert amüsante Impulse mit Tiefgang, die Sie über das Kochen hinaus berühren werden!

Die Rezepte hat Kornelia Kraemer als Wirtin des »Bistro Rosarot« im Kirchenpavillon ersonnen. Sie lassen den biblischen Text sozusagen auf der Zunge zergehen. Dabei sind sie nicht nur köstlich und abwechslungsreich, sondern auch ausgesprochen unkompliziert und von Ungeübten zu bewältigen. Alltagstauglich im besten Sinne, und doch kommt einem der Himmel ganz nah.

Die Fotografin Sandra Then versteht es, in ihren Bildern nicht nur die Gerichte zu zeigen, sondern die Geschichten mit zu erzählen. Ahnen Sie die Annäherung von Boas und Rut hinter den sich fast berührenden Tellern mit Brotsalat? Spüren Sie die Erleichterung über Abigajils Geste, mit Bergen von Feigen- und Rosinenkuchen die kriegerischen Männer zu besänftigen? Genießen Sie die Verheißung einer Welt hinter der Mauer aus ziegelartigen Charoset-Kuchenstücken, fiebern Sie mit, wenn Eva Adam den berühmten Apfel reicht!

Es ist nicht auszuschließen, dass Sie am Ende dieses Kochbuchs Ihr Bibelwissen vergrößert haben. Vor allem aber werden Sie mit Lust und nahezu allen Sinnen die Lebensklugheit und Weisheit der Bibel genossen haben.

»Himmlisch genießen« – mit Anregendem für Auge und Kopf und Gutem für Leib und Seele! Guten Appetit!

Martina Baur-Schäfer

Das Team, das hinter dem himmlischen Genuss steckt (von links nach rechts): Kornelia Kraemer, Sandra Then, Ulrike Verwold und Martina Baur-Schäfer.

Am Anfang schuf Gott Himmel und Erde

zu 1. Mose 1,1

Himmel und Ääd

»Am Anfang schuf Gott Himmel und Erde«, so heißt der erste Satz der Bibel. Damit fängt alles an. Damit fängt Gott an. Mit Himmel und Erde. Beides ist von ihm geschaffen. Wie ein Paar, untrennbar und doch einander gegenüber.

Was überwiegt? Die Zusammengehörigkeit von Himmel und Erde oder ihr Gegenüber-Sein?

Wie schwer ist es häufig, den Himmel auf Erden zu erleben oder gar ihn zu bereiten, sich selbst oder anderen? Alles Himmlische scheint weit weg. Der Himmel ist ein Sehnsuchtsort. Und auf der Erde spielt das Leben, die Realität.

Am Anfang schuf Gott Himmel und Erde. Die Erde zum Wohnort für Mensch und Tier – und den Himmel zur Wohnung Gottes, für uns Menschen unerreichbar.

Aber dieses ungleiche Paar, Himmel und Erde, sind keine getrennten Welten. Bei Noah zum Beispiel, gleich nach der verheerenden Sintflut, verbindet Gott Himmel und Erde durch den Regenbogen. Oder später, wenn Gott in Jesus Christus die Erde selbst zu seinem Wohnort macht: Da kommt ein Stück Himmel auf die Erde. Auch wenn der Himmel uns unerreichbar scheint, so ist es die Erde für Gott nicht. Himmel und Erde gehören zusammen.

»Himmel und Ääd«, ein Klassiker aus der rheinischen Küche, versinnbildlicht das mit Kartoffeln, den Äpfeln der Erde, und mit Äpfeln, die in Richtung Himmel wachsen. Beides in einem Gericht, weil beides zusammengehört. Und dazu kommt mit der Blutwurst noch etwas kräftiger Geschmack, dass wir's auch nicht so schnell wieder vergessen.

Karl Barth, ein Theologe des 20. Jahrhunderts, sagt: »Wo Gott ist, da ist (…) auch der Himmel.«*

Achten Sie doch einmal darauf, ob Sie das spüren: ein Stück Himmel auf Erden. In Ihrem Leben. In Ihrem Alltag. Denn Gott ist da.

* Karl Barth, Kirchliche Dogmatik III/3, 1950, 269

Himmel und Ääd

SIE BRAUCHEN

Für die Blutwurst
- ½ Ring Blutwurst
- etwas Paniermehl
- ca. 80 g Butter

Für die Apfelringe
- einen Apfel
- ca. 50 g Butter
- eine gute Prise Zucker

Für die Zwiebelscheiben
- 2 mittelgroße Zwiebeln

Für die Kartoffelrösti
- 500 g Kartoffeln (festkochend)
- 2 Eier
- 3–4 EL Mehl
- Salz, Pfeffer und eine kleine Prise Muskat
- Sonnenblumenöl, Butter oder Butterschmalz zum Braten

4 Portionen
Zubereitungszeit: ca. 50 Minuten

ZUBEREITUNG

BLUTWURST

Den halben Ring Blutwurst in 2 Stücke teilen, diese nochmal der Länge nach durchschneiden. Jetzt haben Sie 4 dicke Stücke Blutwurst. Die Blutwurststücke nun in Paniermehl drücken, so dass sie ringsum mit Paniermehl bedeckt sind. Dann die panierten Stücke in einer Pfanne mit ausgelassener Butter langsam anbraten. Beim Wenden der Blutwurst müssen Sie sehr vorsichtig sein, da die Wurst leicht zerbröselt.

APFELRINGE

Einen Apfel schälen, entkernen und in Scheiben schneiden. Suchen Sie sich die 4 schönsten Scheiben aus der Mitte aus und braten Sie diese in zerlassener Butter an. Wenn die Apfelscheiben etwas weich geworden sind und Farbe bekommen haben, bestreuen Sie die Scheiben mit etwas Zucker und braten sie nochmals kurz von beiden Seiten.

ZWIEBELRINGE

Die beiden Zwiebeln schälen und in feine Ringe schneiden. Die Zwiebelringe in der restlichen Butter der Apfelringe anbraten.

KARTOFFELRÖSTI

500 g Kartoffeln schälen, grob raspeln und danach die geraspelte Kartoffelmasse in einem Küchentuch gut ausdrücken. Kartoffelraspel in eine große Schüssel geben, die Eier und das Mehl untermischen. Die Masse mit Salz, Pfeffer und Muskat würzen und so lange durchkneten, bis sich alles gut verbunden hat und keine Reste vom Kartoffelwasser mehr zu sehen sind. Öl oder Butter in einer Pfanne erhitzen, Kartoffelmasse portionsweise hineingeben, etwas flachdrücken und nacheinander die Rösti von beiden Seiten anbacken. Wenn die Rösti ganz leicht Farbe bekommen haben, bei geschlossenem Deckel mit reduzierter Hitze auf beiden Seiten noch ca. 10–15 Minuten garen.

JETZT WIRD ALLES SCHÖN GESCHICHTET.

Die Rösti macht den Anfang. Dann die gebratene Blutwurst darauflegen und die Apfelscheibe auf der Blutwurst platzieren. Der krönende Abschluss sind die Zwiebelringe.

Am Anfang schuf Gott Himmel und Erde

1. Mose 1,1

Was sollen wir essen?

zu 1. Mose 1,29

»Gott gibt zur Speise«, so heißt es im Schöpfungsbericht. Nachdem er den Menschen geschaffen hat, sorgt Gott auch dafür, dass er etwas zu essen hat. Gut so! Um nicht zu sagen: Gott sei Dank!

Offensichtlich war Gottes ursprüngliche Vorstellung von Nahrung aber – zumindest nach dem vorliegenden Bibelvers – vegan. Und das nicht nur für den Menschen, auch für die Tiere, denen er im Anschluss das »grüne Kraut« zur Nahrung zuweist.

Ob das gehen mag oder nicht, ob das gesund ist oder nicht, nur pflanzlich – das mögen vielleicht eher die verhandeln, die sich mit Ernährung auskennen, oder jeder und jede für sich ausprobieren. Dass es schmecken kann, können Sie mit unserem Schmorgemüse auf Reis selbst probieren und erleben.

Die biblische Küche bleibt allerdings interessanterweise nicht vegan, ein paar Kapitel später in der Bibel (1. Mose 9) erweitert Gott den Speiseplan für den Menschen um tierische Produkte.

Ob wir heute vegan essen oder nicht – beides ließe sich also biblisch begründen.

Interessant ist, dass Gott hier, am Anfang, nicht einfach nur Pflanzen zur Nahrung gibt, sondern Pflanzen, »die Samen bringen«, und Bäume mit Früchten, »die Samen bringen«. Damit lässt sich ein Gedanke dieser im Schöpfungsbericht beschriebenen Lebensweise gut auf die heutige Küche, sei sie nun vegan oder nicht, übertragen: Der Mensch soll möglichst wenig Schaden anrichten mit seinem Tun! Denn wenn die Pflanze Samen trägt, so wird zumindest ihre Gattung nicht ausgerottet, wenn die Pflanze selbst auf dem Teller landet.

Die Antwort auf die ureigene Frage der Menschheit »Was oder wie sollen wir essen?« lautet also bei egal welcher Ernährungsform: so, dass die Welt keinen Schaden nimmt! Seht hin bei dem, was und wie ihr esst: Rottet nicht aus dabei, geht sorgsam und wertschätzend mit dem um, was euch ernährt.

Achten Sie doch einmal darauf, wann Sie in Ihrem Alltag schon darauf Wert legen, dass die Welt keinen Schaden nimmt. Und vielleicht fällt Ihnen noch etwas ein, das Sie in diese Richtung tun können.

Schmorgemüse auf Reis

IMPULS

Schmorgemüse auf Reis

SIE BRAUCHEN

- 1 kleine Zucchini
- ½ Bund Möhren
- 1 rote Paprika
- 1 Kohlrabi
- 1 Aubergine
- 400 g Cocktailtomaten
- 2 Dosen Tomatenstücke
- 2 Knoblauchzehen
- 350 g Basmati- oder Langkornreis
- Olivenöl zum Anbraten
- Salz, Pfeffer
- ½ TL getrocknete ital. Kräuter
- ½ Bund Blattpetersilie

4 Portionen
Zubereitungszeit: ca. 40 Minuten

ZUBEREITUNG

Reis nach Packungsanleitung kochen.

Gemüse gut waschen und trocken tupfen. Die Zucchini der Länge nach halbieren und in Scheiben schneiden. Möhren schälen und schräg in Scheiben schneiden. Paprika entkernen und würfeln, Kohlrabi und Aubergine in Stifte schneiden. Den Knoblauch durch die Presse geben.

Das Olivenöl in einem Topf erhitzen, die Möhren und den Kohlrabi darin anschwitzen. Nach etwa 5 Minuten die restlichen Gemüsesorten hinzufügen. Das Gemüse zusammen weitere 5 Minuten anschmoren. Die Tomatenstücke hinzugeben, ebenso den gepressten Knoblauch und die Kräuter. Das Gemüse bis zur gewünschten Bissfestigkeit weiter in der Tomatensoße auf mittlerer Hitze köcheln lassen. Nach Belieben mit Salz und Pfeffer abschmecken.

Im Anschluss über den gekochten Reis geben, mit gehackter Blattpetersilie garnieren und servieren.

*Und Gott sprach:
Sehet da, ich habe
euch gegeben
alle Pflanzen,
die Samen bringen,
auf der ganzen Erde,
und alle Bäume
mit Früchten,
die Samen bringen,
zu eurer Speise.*

1. Mose 1,29

Und Gott der Herr nahm den Menschen und setzte ihn in den Garten Eden, dass er ihn bebaute und bewahrte.

1. Mose 2,15

Vanillequark mit Maracuja

Grenzenloser Genuss?
zu 1. Mose 2,15

»Kinder brauchen Grenzen« lautet ein Buchtitel des Erziehungsexperten Jan-Uwe Rogge. Könnte man diese These ausweiten, auch auf große Kinder: Menschen brauchen Grenzen?

Die Frage stellt sich mir, wenn ich etwas verwundert zur Kenntnis nehme, dass »Paradies« vom ursprünglichen Wortsinn her einen umgrenzten Bereich meint, »Umwallung« heißt es wörtlich. Dabei assoziiere ich mit »Paradies« oder »paradiesisch« eher Grenzenlosigkeit.

Auch in der Beschreibung der Bibel im ersten Buch Mose ist der Garten Eden, der später in der griechischen Übersetzung »Paradeisos« genannt wird, ein eingegrenzter Bereich – ein Garten eben, ein abgegrenztes Stück Land. Ein eingegrenzter Bereich, in dem es auch Grenzen gibt. Eine dieser gottgegebenen Grenzen wird in der biblischen Erzählung vom Paradies von den Menschen infrage gestellt beziehungsweise überschritten: Trotz des Verbots essen sie vom Baum der Erkenntnis.

Interessant ist aber, dass eine andere Grenze offensichtlich überhaupt nicht zur Diskussion steht, nämlich die Begrenzung der freien Zeit im Garten Eden.

Das Paradies ist offensichtlich kein Schlaraffenland, in dem die Menschen den ganzen Tag tun und lassen können, was sie wollen. Nein, die Menschen bekommen eine Aufgabe, nämlich den Garten zu bebauen und zu bewahren. Möglicherweise wird diese Begrenzung der Freizeit aber auch gar nicht als Grenze empfunden. Vielleicht, weil diese Grenze, diese Begrenzung guttut. Würde dieser Auftrag fehlen, könnte die grenzenlose Zeit sicherlich auch mühsam werden.

Grenzen können, wie es scheint, ganz unterschiedlich erlebt werden. Als Einschränkung oder Ausgrenzung können sie sehr störend sein. Manchmal sind sie aber auch ein wichtiger Schutz: Wenn ich die dienstlichen E-Mails aus meinem Feierabend »ausgrenzen« kann oder ich für einen Spaziergang das Handy auf stumm schalte – das kann etwas Paradiesisches haben. Und manch einer mag mit dem Wissen um Begrenztheit bestimmte Dinge gerade jetzt tun: in den Urlaub fahren, »solange wir das noch können«, oder manchmal über den Schmutz im Flur lächeln, »solange die Kinder noch klein sind«.

Achten Sie doch einmal darauf, wo Ihnen Grenzen guttun und welche Begrenzungen in Ihrem Alltag nicht sogar etwas Paradiesisches mit sich führen.

SIE BRAUCHEN

- 1 kg Quark (Magerquark)
- 6 frische Maracuja
- 400 ml Schlagsahne
- 2 Pk. Sahnesteif
- 200 g Zucker
- ½ l Maracujasaft, gemischt mit ½ l Wasser
- 2 Pk. Vanillepudding
- 2 Pk. gehobelte Mandeln
- 4 EL Butter
- 4 EL Zucker

8 Portionen
Zubereitungszeit: ca. 30 Minuten

ZUBEREITUNG

Magerquark mit 150 g Zucker und 1 Tasse Maracujasaft-Wasser-Gemisch verrühren. Die Sahne kurz aufschlagen, die beiden Päckchen Sahnesteif und die restlichen 50 g Zucker einrieseln lassen und steifschlagen. Danach vorsichtig unter die Quarkmasse heben.

Maracuja aufschneiden und mit einem Teelöffel aushöhlen. Das Fruchtfleisch durch ein feines Sieb passieren.

Die beiden Vanillepuddingpäckchen nach Anleitung kochen; anstelle der vorgesehenen Milch wird hier die restliche Saftmischung verwendet. Pudding mit Frischhaltefolie abdecken und etwas abkühlen lassen.

In eine große Glasschale wird nun die Quark-Sahne-Masse eingefüllt. Dann den Vanillepudding und zum Schluss das Maracujamus daraufgeben.

4 EL Zucker in einer Pfanne karamellisieren lassen, Butter dazugeben und die Mandeln langsam darin anrösten. Die gerösteten Mandeln zum Abkühlen so auf ein Backpapier legen, dass sie schön weit auseinander liegen, damit sie nicht zusammen kleben. Nach dem Abkühlen die gerösteten Mandeln als Abschluss auf die Masse streuen.

Vanillequark mit Maracuja

Ein Apfel ist an allem schuld
zu 1. Mose 3

»Ein Apfel ist an allem schuld«, so titelte Ephraim Kishon in den 1990er-Jahren und nimmt damit Bezug darauf, dass Adam und Eva von der verbotenen Frucht im Garten Eden essen.

Dabei ist in der Bibel von einem Apfel in 1. Mose 3 eigentlich nicht die Rede, lediglich von einer Frucht. Aber dadurch, dass »malum« im Lateinischen nicht nur für »das Schlechte« steht, sondern auch für »Apfel«, hat der Apfel den Weg in die Geschehnisse im Garten Eden gefunden – vor allem über die Darstellung in der Kunst: Frau, Mann, Schlange, Apfel – Sie wissen Bescheid …

Ist der Apfel (oder die Frucht) wirklich schuld? Daran, dass Adam und Eva das Paradies verlassen müssen, weil sie von der Frucht der Erkenntnis gegessen haben, obwohl sie nicht durften? Kishons »Apfelwurm« plädiert aus verschiedenen Gründen für »Freispruch« – die Frucht könne ja nun wirklich nichts dafür!

Die Menschen versuchen in der biblischen Erzählung, die Schuld von sich zu weisen und auf andere abzuwälzen: »Die Schlange betrog mich«, sagt die Frau.– »die Frau gab mir«, sagt der Mann. Welch urtypisch-menschliches Verhalten, dieses »Ich war's nicht«, dieses Weitergeben der Schuld. Vielleicht landet man dann schlussendlich doch beim Apfel – der ja nun wirklich nichts dafür kann …

Aber warum hängt er überhaupt da? Ist Gott am Ende selber schuld? Warum eröffnet er dem Menschen überhaupt die Möglichkeit, von der Frucht zu essen?

Man könnte sich bei Überlegungen dieser Art lange weiter im Kreise drehen. Dabei führt das Abwälzen und Weitergeben von Schuld in vielen Zusammenhängen zu keinem zufriedenstellenden Ergebnis.

Wer ist schuld an der Misere im Paradies? Eine eindeutige Antwort ist schwer. Vielleicht, weil es die falsche Frage ist. Denn auf eine andere Frage antwortet die Erzählung: Wie kann es weitergehen? Beziehungsweise: Kann es überhaupt weitergehen zwischen Gott und Mensch? Die Antwort: Ja! Zwar nicht ganz so paradiesisch, aber auch nicht gottverlassen. Es gibt ein »danach«. Mit Veränderungen zwar, manche Dinge sind nicht mehr so wie vorher. Aber statt über »hätte, wäre und wenn« zu grübeln, lohnt sich hier, wie in vielen anderen Zusammenhängen, eher die Frage: Wie kann es angesichts der Dinge, die waren, weitergehen, möglichst gut weitergehen?

Und ich nehme als Trost und Mutmacher für meine eigenen lebensgeschichtlichen Grübeleien mit: Es geht weiter. Und zwar möglichst gut. Und gottbegleitet.

Apfeltarte

IMPULS

Apfeltarte

SIE BRAUCHEN

Für den Mürbeteig und die Streusel
- 125 g Zucker
- 250 g Butter
- 250 g Mehl

Für die Puddingmasse
- 1 Pk. Vanillepudding
- 250 ml Milch
- 250 ml Schlagsahne
- 2 EL Zucker

Für den Belag
- 6 leicht säuerliche Äpfel (z. B. Braeburn)
- 1 Zitrone

12 Portionen
Zubereitungszeit: ca. 40 Minuten
plus 1 ¾ Stunde Ruhe- und Backzeit

ZUBEREITUNG

Eine Tarteform mit Butter ausreiben und mit Mehl bestreuen.

Zucker, Butter und Mehl zu einem geschmeidigen Teig kneten, eine ca. mandarinengroße Kugel davon abnehmen. Beide Teigstücke in Folie packen und für ca. 1 Stunde in den Kühlschrank legen.

Pudding nach Packungsanweisung kochen, die Hälfte der Milch allerdings durch Sahne ersetzen. Den fertigen Pudding mit Frischhaltefolie bedecken und etwas abkühlen lassen.

Die Äpfel schälen, in Spalten schneiden und in eine Schüssel geben. Mit dem Saft einer Zitrone vermischen, damit sie nicht braun werden.

Nun den Mürbeteig ausrollen und in die Tarteform geben. Den Teig bis zum Rand hochziehen. Den ausgekühlten Pudding auf dem Mürbeteig verteilen. Apfelspalten auf die Puddingmasse geben. Den vorher abgenommenen kleineren Teil des Mürbeteigs zu Streuseln zerkrümeln und auf den Apfelspalten verteilen.

Im vorgeheizten Backofen bei 170 °C Umluft ca. 45 Minuten backen.

*Und sie nahm
von seiner Frucht
und aß und gab
ihrem Mann,
der bei ihr war,
auch davon
und er aß.*

1. Mose 3,6

Die Hoffnung auf guten Ausgang
zu 1. Mose 8,22

Vielleicht kennen Sie das auch, dass man nach einer Erkältung wieder genießt, frei zu atmen? Dass man sich an seiner Gesundheit nach überstandener Krankheit mehr erfreuen kann als vorher? Oder dass nach der Versöhnung nach einem Streit die Beziehung wieder neu wachsen kann?

Wahrscheinlich werden in nördlichen Regionen, in denen die Sonne im Winter lange Zeit ganz verschwindet, die ersten Sonnenstrahlen deswegen laut bejubelt, obwohl sie noch kaum Wärme oder Licht mit sich bringen. Einfach weil sie da sind. Und weil sie anfangen, sich gegen die lange Dunkelheit vorsichtig durchzusetzen und so Hoffnung schenken: Es wird wieder heller werden.

So manches im Leben lebt von der Gegensätzlichkeit oder sagen wir: von der Wechselseitigkeit, so wie sich bei den heißen Schokotörtchen mit Vanilleeis heiß und kalt, hell und dunkel gut ergänzen. Diese Gegensatzpaare erinnern an ein Versprechen Gottes: »Solange die Erde steht, soll nicht aufhören Saat und Ernte, Frost und Hitze, Sommer und Winter, Tag und Nacht« (1. Mose 8,22).

Ein Versprechen, das Gott nach der Sintflut gibt, bei der er bis auf Noah und seine Familie die gesamte Menschheit vernichtet hatte. Der Wut Gottes folgt nun also Versöhnung, der Zerstörung folgt sein Versprechen: Nie wieder!

Wie gut zu hören, dass bei diesem göttlichen Gegensatzpaar am Ende die Versöhnung steht! Und bis zum Ende gilt: Solange die Erde steht …

Denn so bekommt der beschriebene Wechsel der Dinge, der Wechsel zwischen Saat und Ernte, Frost und Hitze, Sommer und Winter, Tag und Nacht insgesamt ein positives Vorzeichen, das Vorzeichen der Versöhnung.

Das lässt mich hoffen, wenn ich im Blick auf die Gegensatzpaare in meinem Alltag – Streit und Versöhnung, Krankheit und Gesundheit, Arbeit und Ruhe – für meinen Geschmack zu lange oder manchmal vielleicht sogar vergeblich auf den positiven Ausgang warte.

Nach scheinbar ausweglose Situation, nach Wut und Zerstörung folgt bei Gott die Versöhnung sowie der Wunsch und das Versprechen: Es soll weitergehen!

Vielleicht lässt mich dieses positive Vorzeichen der Versöhnung Gottes auch bei meinen Gegensätzen im Leben die Hoffnung auf guten Ausgang nicht aus dem Blick verlieren.

Heiße Schokotörtchen mit Vanilleeis und Schlagsahne

Heiße Schokotörtchen mit Vanilleeis und Schlagsahne

SIE BRAUCHEN

- 250 g Butter
- 200 g Zucker
- 50 g Kakao
- 2 Pk. Vanillezucker
- 4 Eier
- 400 g Mehl
- 1 Pk. Backpulver
- Vanilleeis
- Schlagsahne
- Schokoraspel zum Garnieren
- etwa 12 Muffin-Förmchen oder ein Muffin-Blech

12 Muffins
Zubereitungszeit: ca. 20 Minuten plus Backzeit

ZUBEREITUNG

Butter, Zucker und Eier schaumig schlagen. Alle trockenen Zutaten vermischen und unter die Buttermasse rühren. Den Teig auf etwa 12 Muffin-Förmchen verteilen.

Förmchen auf ein Backblech stellen und im vorgeheizten Backofen bei 180 °C Umluft 25–30 Minuten backen.

Noch warm mit Vanilleeis und Schlagsahne servieren.

Solange die Erde steht,
soll nicht aufhören
  Saat und Ernte,
Frost und Hitze,
  Sommer und Winter,
Tag und Nacht.

1. Mose 8,22

Lachen ist gesund

»Lachen ist gesund«, sagt der Volksmund. Und mit ein paar Klicks findet man im Internet viele Informationen, die diese Erfahrung, die für Sie hoffentlich auch eine alltägliche ist, bestätigen: Von entspannten Muskeln ist da die Rede und von Glückshormonen. Lachen sei so gesund wie Sport. Schön zu hören, dass man sich auf so angenehme Weise fit halten kann.

Das Thai-Curry nimmt mit seinen Kichererbsen Bezug auf eine Stelle in der Bibel, wo es um das Lachen geht: Sara lachte – bei sich selbst, heißt es im ersten Buch Mose im 18. Kapitel.

Sara ist die Frau von Abraham. Die Ehe der beiden ist bislang kinderlos geblieben, als drei Männer zu Besuch kommen und ankündigen, dass Sara noch ein Kind bekommen wird. Sie lacht. Für Kinder ist sie zu alt. Das ist biologisch nicht möglich – so erzählt es die Bibel.

Interessant, dass Sara lacht! Dass sie nicht schimpft oder weint. Ich stelle mir vor, dass die Kinderlosigkeit für Sara und Abraham kein leichtes Schicksal war. Auch vor dieser Begegnung schon spielte das Thema eine große Rolle. Die drei Männer sprechen hier sicherlich ein »Reizthema« an – und Sara lacht.

Thai-Curry auf Reis

Hätte ich da lachen können? Ich bin mir nicht sicher. Ich glaube eher nicht. Aber ich bin mir fast sicher, dass Sara mit ihrem Lachen den besseren Weg gewählt hat.

Manchmal merke ich, dass ich über Situationen, über die ich mich an einem Tag geärgert habe, an einem anderen Tag lachen kann: die liegengebliebenen Socken meines Mannes vor dem Fernseher zum Beispiel, oder wenn die Ranzen der Kinder wieder direkt neben der Tür abgestellt werden und nicht da, wo sie hingehören. Manchmal machen mich solche Dinge wütend und manchmal kann ich darüber lachen. Wirklich nachhaltig zu verändern scheint weder die wütende noch die lachende Reaktion die »liebenswerten Eigenarten« der Meinen. Aber mir geht es besser an Tagen, an denen ich darüber lachen kann. Möglicherweise kennen Sie das auch?

Vielleicht lässt sich diese Erkenntnis von solchen kleinen Dingen des Lebens hin und wieder auch auf die größeren Themen übertragen. Und vielleicht ist auch hier manchmal das Lachen der Weg, der die Dinge erträglicher macht. Wer weiß, ob es nicht doch etwas verändern kann, im Kleinen oder im Großen, zumindest im Zwischenmenschlichen – denn schließlich ist Lachen auch ansteckend.

Thai-Curry auf Reis

SIE BRAUCHEN

- 2 mittelgroße Zwiebeln
- 1 Chilischote
- 3 Möhren
- 1 große Dose Kichererbsen
- ½ TL gelbe Currypaste
- ½ TL grüne Currypaste
- 1 l Kokosmilch
- Nach Belieben etwas Koriander
- Pflanzenöl zum Anbraten
- Reis oder Couscous als Beilage

4 Portionen
Zubereitungszeit: ca. 30 Minuten

ZUBEREITUNG

Die beiden Zwiebeln schälen und in feine Würfel schneiden, Möhren schälen und ganz fein reiben. Die Chilischote in Ringe schneiden. Dafür sollten Sie Handschuhe benutzen, denn nach dem Händewaschen bleibt die Schärfe der Schote oft noch eine ganze Weile an den Fingern. Ein paar Chiliringe (für die Deko) zur Seite legen, den Rest der Chiliringe in feine Stückchen schneiden.

Die Zwiebelwürfel und die Chilistückchen in etwas Pflanzenöl glasig anbraten, die geriebenen Möhren hinzufügen und noch ca. 2–3 Minuten weiterbraten. Das Wasser der Kichererbsen abgießen und die Kichererbsen zur Möhren-Chili-Mischung in die Pfanne geben. Nun kommen die beiden Currypasten dazu. Das Ganze gut vermischen und mit der Kokosmilch aufgießen.

Jetzt alles noch ca. 10 Minuten bei kleiner Hitze köcheln, und fertig ist das »kichernde« Thai-Curry. Wer mag, kann noch etwas fein gehackten Koriander unterrühren.

Das Thai-Curry kann auf Reis oder Couscous serviert werden.

Darum lachte sie bei sich selbst ...

1. Mose 18,12

Ich will dich segnen und deine Nachkommen mehren wie die Sterne am Himmel und wie den Sand am Ufer des Meeres ...

1. Mose 22,17

Sandkuchen mit Sternanis

Sterne am Himmel, Sand am Meer
zu 1. Mose 15,5 und 22,17

Manchmal wünschte ich mir, ich bekäme auf meine Wünsche und Sehnsüchte eine direkte Antwort, wenn ich sie an Gott richte. Eine direkte Antwort oder noch besser: eine spürbare Veränderung. So wie bei Abraham, der ein Herzensanliegen vor Gott bringt. Er bekommt eine direkte Antwort und dazu noch die Aussicht auf Erfüllung: »Mir hast du keine Nachkommen gegeben«, klagt Abraham. »Sieh gen Himmel und zähle die Sterne; kannst du sie zählen? So zahlreich sollen deine Nachkommen sein!«, lautet die Antwort Gottes. Und als er später dieses Versprechen bestätigt, spricht Gott von den »Sternen am Himmel und dem Sand am Meer« als Bild dafür, wie zahlreich die so sehr gewünschte Nachkommenschaft sein wird.

Sandkuchen mit Anis erinnert an diese Verheißung Gottes. Und er symbolisiert damit die Großzügigkeit Gottes, der auf den einfachen Wunsch des Abraham nach einem Erben eine große Nachkommenschaft verspricht.

Manchmal wünschte ich mir, auch ich bekäme auf meine Wünsche und Sehnsüchte eine solche direkte Antwort, wenn ich sie an Gott richte. Eine direkte Antwort oder noch besser: eine spürbare – und noch dazu großzügige – Veränderung.

Sterne am Himmel, Sand am Meer – in der Geschichte Abrahams mit Gott sind sie Symbol für Gottes Großzügigkeit. Verbunden mit der Frage »Kannst du sie zählen?«, werden sie außerdem zum Hinweis darauf, dass wir Menschen in manchen Lebenslagen an unsere Grenzen kommen können. Zum Beispiel bei dem Versuch, alles zu überblicken und zu bedenken.

Nicht, dass wir grundsätzlich nicht selber wüssten, was gut und wünschenswert für uns wäre. Aber manchmal ist es beruhigend, sich vorzustellen, dass jemand anderes den Überblick behält. Zum Beispiel dann, wenn ein Weg gerade nicht so weitergeht, wie man es sich wünscht und erbeten hat. Wenn man nach den Sternen greifen will und es nicht gelingt. Oder wenn man in manchen Situationen nicht weiß, was man will und bitten soll, wenn man vor lauter Sand am Meer den Strand nicht mehr sieht.

Gott ist großzügig! Und: Gott behält den Überblick! Beides steckt für mich in den Bildern von den Sternen am Himmel und dem Sand am Meer. Das ist eine Antwort auf viele meiner Wünsche und Sehnsüchte, die mir guttut. Vielleicht wird dadurch sogar auch Veränderung spürbar.

SIE BRAUCHEN

- 75 g Naturjoghurt
- 75 ml Buttermilch
- 150 ml Pflanzenöl
  (z. B. Sonnenblumenöl)
- 4 Eier
- 300 g Zucker
- 250 g Mehl
- ½ Pk. Backpulver
- ½ Pk. Vanillezucker
- Sternanis nach Belieben

12 Portionen
Zubereitungszeit: ca. 20 Minuten
plus Backzeit

ZUBEREITUNG

Joghurt, Buttermilch und Öl in eine Schüssel geben und mit einem Schneebesen verrühren, bis alles zu einer gleichmäßigen Masse verbunden ist. Eier trennen und das Eiweiß mit einem Handrührer steif schlagen.

Eigelb, Zucker, Mehl, Backpulver und Vanillezucker zu der Joghurt-Buttermilch-Mischung geben. Alles gut durchmischen. Eiweiß vorsichtig unter die Masse heben. Wer mag, kann noch einen Hauch Sternanis hinzufügen.

Eine Springform (28 cm) gut fetten und mit Paniermehl oder Grieß ausstreuen. Den Teig einfüllen und ca. 45 Minuten bei 170 °C Umluft backen (Stäbchenprobe machen).

Den fertigen Kuchen 30 Minuten ruhen lassen und dann aus der Form stürzen. Nach dem Abkühlen mit Schokoglasur überziehen und mit Sternanis garnieren.

Sandkuchen mit Sternanis

Esaus Linsengericht
zu 1. Mose 25,29–34

»Gegensätze ziehen sich an«, sagt der Volksmund. Ob das auch für Geschwister gilt? Das Brüderpaar Jakob und Esau scheint diese These zu widerlegen. Sie sind so verschieden, wie man es sich unterschiedlicher kaum vorstellen kann: Jakob ist der Häusliche, der »Feinere« der beiden, Esau hingegen ein jagdbeflissener Naturbursche – und sie sind einander spinnefeind.

Vielleicht ist die Geschichte der beiden Brüder (und mit ihr das Linsengericht) deswegen so bekannt, weil sie uns viel Alltägliches wiederentdecken lässt: Streit unter Geschwistern, das Buhlen um die Liebe und Anerkennung der Eltern, das Ringen um die Frage: Wer ist der Bessere, die Angesehenere?

Und vielleicht, weil die Situation dabei gleichzeitig so absurd ist: Jakob kocht, sein Bruder kommt hungrig von der Feldarbeit nach Hause und Jakob »verkauft« ihm das Essen gegen das Erstgeburtsrecht. Der Vorschlag ist schon recht merkwürdig, umso erstaunlicher, dass Esau einwilligt. Seinen Hinweis, er sterbe andernfalls vor Hunger, kann man, wenn man sich die Situation vor Augen führt, eigentlich kaum für bare Münze nehmen.

An mehreren Stellen möchte man einhaken und sagen: Das gibt es doch gar nicht, wie kann man nur! Seinen Bruder so erpressen, sich auf einen solchen Deal einlassen, so kurzsichtig agieren …

Aber das lässt sich vor allem außenstehend so sagen und empfinden, so wie auch in anderen Zusammenhängen die Grundlage mancher Streitigkeit und Auseinandersetzung für Außenstehende unbegreiflich und absurd bleibt. Streitigkeiten und Auseinandersetzungen, die nicht selten durch ähnliche Beweggründe wie bei Jakob und Esau entstehen. Das Buhlen um Liebe und Anerkennung, das Ringen um die Frage: Wer ist die Bessere, der Angesehenere?

Wie schade, dass Jakob und Esau ihre verschiedenen Gaben und unterschiedlichen Eigenarten nicht als Ergänzung nutzen konnten: Einer jagt, der andere kocht – das wäre doch eine Bereicherung für die Familie. Und für jeden Bruder nur der halbe Aufwand bei der Essenszubereitung. Geradezu ideal! Und was hierbei das Angesehenere oder Bessere ist, ließe sich – bei dem Ergebnis eines guten Mahls – doch kaum sagen, oder?

Achten Sie doch mal darauf, ob Sie das auch in Ihrem Leben entdecken, dass Unterschiedlichkeiten, statt miteinander in Konkurrenz zu treten, sich gut ergänzen – wenn sie sich nicht eh schon als Gegensätze anziehen.

Rote Linsensuppe

IMPULS

Rote Linsensuppe

SIE BRAUCHEN

- 500 g rote Linsen
- 4 große Kartoffeln
- 2 Zwiebeln
- Olivenöl
- 2 l Wasser
- 1 TL frische, fein gehackte Minze (oder 1–2 TL getrocknete)
- ½ TL Kreuzkümmel
- ½ Tube Tomatenmark
- etwas Gemüsebrühe
- Salz

5–6 Portionen
Zubereitungszeit: ca. 15 Minuten

ZUBEREITUNG

500 g rote Linsen waschen. Rote Linsen sind sehr unkompliziert, weil sie schneller gar sind als andere Linsensorten – ohne langes Einweichen. Die Kartoffeln schälen und in kleine (ca. 1 cm große) Würfel schneiden. Die beiden Zwiebeln fein würfeln.

Die Zwiebel- und Kartoffelwürfel in etwas Olivenöl anschwitzen, mit ca. 2 l Wasser aufgießen. Die gewaschenen Linsen dazugeben, etwas Salz und Gemüsebrühe dazugeben und bei mittlerer Hitze kochen lassen, bis die Kartoffeln und Linsen weich sind (ca. 35–40 Minuten).

Mit der Minze und dem Kreuzkümmel abschmecken. Alles gut verrühren. Zum Schluss noch das Tomatenmark hinzufügen. Wieder gut durchrühren, bis die Suppe eine schöne rote Farbe bekommt. Bei Bedarf noch etwas Wasser nachgießen.

*Lass mich
schnell von dem
Roten essen,
dem Roten da;
denn ich
bin müde.*

1. Mose 25,30

*Geh hin
zu der Herde
und hole mir
zwei gute Böcklein,
dass ich deinem
Vater ein Essen
davon mache,
wie er's gerne hat.*

1. Mose 27,9

Chili con Tofu

Gut oder schlecht, richtig oder falsch?

zu 1. Mose 27

Auch nach dem berühmten Linsengericht spielt das Essen in der Geschichte der ungleichen Brüder Jakob und Esau eine wichtige Rolle: Vater Isaak bittet Esau, ihm ein Wildgericht zu bereiten. Und während dieser auf der Jagd ist, bereitet Mutter Rebekka eine Ziege so zu, dass sie wie Wild schmeckt. Jakob kann sich mit diesem Gericht als Esau ausgeben und auf diese Weise den Segen des Vaters erschleichen.

Etwas so zuzubereiten, dass es wie etwas anderes schmeckt, ist nicht leicht! Respekt, Rebekka, vor so viel Kreativität und Geschicklichkeit! Etwas so zuzubereiten, dass es wie etwas anderes schmeckt, diese Kunst öffnet auch heute noch Türen: Wenn man zum Beispiel ganz oder zum Teil auf Fleisch verzichten möchte, kann ein gut zubereitetes Chili con Tofu den Speiseplan sehr bereichern.

Die Bewunderung für Rebekkas Fähigkeiten hat allerdings einen zwiespältigen Beigeschmack, weil sie an dieser Stelle in der Bibel so unmittelbar mit dem Betrug an Isaak zusammenhängt. Rebekka setzt ihre guten Gaben und Fähigkeiten für etwas Betrügerisches ein.

Gibt es das nicht auch in meinem Leben? Dass ich meine guten Eigenschaften und Fähigkeiten für etwas nutze, das falsch ist, ob nun bewusst oder unbewusst? Indem ich beispielsweise, wenn ich sehr sprachgewandt bin, andere in Grund und Boden rede, ohne es zu merken.

Und gibt es das eigentlich auch umgekehrt? Dass ich »schlechte« Eigenschaften zum Guten einsetzen kann? Aber wird dann nicht das vermeintlich Schlechte zu etwas Gutem?

Vielleicht sind die Kategorien »gut« und »schlecht« auch häufig zu extrem. Bei Jakob, Esau, Isaak und Rebekka ist keiner der eindeutig und ausschließlich Schlechte, und auch keiner der eindeutig und ausschließlich Gute. Auch das Resultat aus der »guten« Kochkunst und dem »schlechten« Betrug hat gute und schlechte Seiten, wie der Fortgang der Geschichte zeigt.

Die Geschichte von Jakob und Esau fordert uns heraus, verantwortlich und umsichtig mit unseren Gaben und Fähigkeiten umzugehen. Mich persönlich entlastet in dieser Verantwortlichkeit aber die Vorstellung, dass eindeutige Urteile als »gut« oder »schlecht« oft zu kurz greifen.

SIE BRAUCHEN

- etwas Sonnenblumenöl
- 600 g Tofu
- 3 Chilischoten
- 3 große Zwiebeln
- 2 Knoblauchzehen
- 2 Stangen Zimt
- etwas Balsamicocreme
- 2 TL Kreuzkümmel
- 2 TL Chiliflocken
- 3 Dosen gewürfelte Tomaten (á 400 g)
- Salz, Pfeffer
- 2 Dosen Kidneybohnen (á 400 g)

4 Portionen
Zubereitungszeit: ca. 20 Minuten

ZUBEREITUNG

Die Zwiebeln würfeln und mit dem gepressten Knoblauch in heißem Öl anschwitzen, bis die Zwiebeln schön glasig sind. Die gehackten Chilischoten ohne Kerne, den Kreuzkümmel und das Chilipulver hinzufügen und weitere 2 Minuten dünsten. Den Tofu in den Topf geben und bei großer Hitze ringsherum krümelig anbraten. Die Dosentomaten und die Zimtstangen unterrühren und mit Salz und Pfeffer kräftig würzen.

Alles auf mittlerer Flamme ca. 60 Minuten köcheln lassen, dabei gelegentlich umrühren. 30 Minuten vor Ende der Garzeit die gewaschenen Bohnen hinzufügen, köcheln lassen und abschmecken. Sollte das Chili noch nicht scharf genug sein, mit Chiliflocken nachwürzen und mit Balsamicocreme verfeinern.

Mit geröstetem Fladenbrot servieren.

Chili con Tofu

Versöhnung mit Herz
zu 1. Mose 33

Was braucht es für eine Versöhnung nach einem Streit? Ein klärendes Gespräch, viel Mühe und den Willen beider Seiten? Großzügigkeit und Verständnis? Vielleicht ein »ist schon gut, vergessen wir's« nach einem »war nicht so gemeint«? Vielleicht braucht es einfach nur Zeit? Manchmal kann man Dinge wieder in Ordnung bringen, entstandenen Schaden beheben. Je nach Situation braucht es für Versöhnung mal das eine mehr, mal das andere.

Was aber, wenn ein Streit festgefahren ist, Jahre zurückliegt und es keine Gelegenheit zur Klärung gab? Wenn es auch nichts zu klären gibt, weil das, was passiert ist, unentschuldbar scheint, nicht wieder in Ordnung gebracht werden kann?

Nach einem halben Leben begegnen sich die Brüder Jakob und Esau wieder. Jakob hatte sich vor diesem Wiedersehen gefürchtet: Um das Leben mit dem väterlichen Segen hatte er Esau betrogen, mit dem Tod hatte Esau ihn bedroht. Keine Gelegenheit zur Klärung hatte es gegeben, festgefahren die Situation zwischen den beiden.

Jakob schickt seinem Bruder Geschenke entgegen, und als er ihn sieht, verneigt er sich vor ihm. Er will ihn besänftigen, sucht den Weg der Wiedergutmachung. Und Esau?

»Esau aber lief ihm entgegen und herzte ihn und fiel ihm um den Hals und küsste ihn, und sie weinten« (1. Mose 33,4).

Noch vor jedem entschuldigenden Wort, noch vor der Bitte um Verzeihung, noch bevor er den Versuch der Wiedergutmachung überhaupt bemerkt, fällt Esau seinem Bruder um den Hals. Was für ein ergreifendes Bild! Was für ein schönes Wiedersehen!

Was braucht Esau, um sich zu versöhnen? Vielleicht zuallererst, in dem anderen den Bruder zu sehen. Den Bruder, der – wie er selbst – die Dinge nur aus der eigenen Perspektive kannte. Den Bruder, der – wie er selbst – um Liebe und Anerkennung buhlte. Den Bruder, der sich – wie er selbst – ein gutes Leben wünschte. Und der bei allen Streitigkeiten und aller Konkurrenz seinen Bruder verloren hatte. Für Esau brauchte es zur Versöhnung erst einmal nur das: in dem anderen den Bruder zu sehen. Denjenigen, der in so vielen Dingen war wie er selbst.

Wahrscheinlich hilft das auch heute noch. Bestimmt ist das in vielen Auseinandersetzungen ein guter erster Schritt: dass ich in dem anderen den Bruder, die Schwester oder sagen wir den Nächsten sehe, der, mag er es zuweilen auch anders zum Ausdruck bringen, in so vielen Dingen und Bedürfnissen ist wie ich.

Puderzucker-Herzen

Puderzucker-Herzen

SIE BRAUCHEN

- 3 Eier
- 1 Tasse Sonnenblumenöl
- 2 Tassen Zucker
- 3 Tassen Mehl
- ½ Pk. Backpulver
- 1 Tasse Mineralwasser (spritzig)
- 100 g gemahlene Mandeln

2 Backbleche
Zubereitungszeit: ca. 20 Minuten plus Backzeit

ZUBEREITUNG

Eier und Zucker mit den Besen eines Handrührers in einer Rührschüssel schaumig schlagen. Die trockenen Zutaten in eine Schüssel geben und vermischen. Zur Ei-Zucker-Masse geben und alles zu einem dickflüssigen Teig verrühren. Auf zwei mit Backpapier ausgelegte Bleche verteilen.

Im vorgeheizten Backofen bei 180 °C Umluft ca. 20 Minuten backen.

Etwas abkühlen lassen. Herzen ausstechen und die noch warmen Herzen mit Puderzucker bestreuen.

*Esau aber
  lief ihm entgegen
    und herzte ihn
und fiel ihm
  um den Hals
    und küsste ihn,
  und sie weinten.*

1. Mose 33,4

… denn sie sollen zu Mittag mit mir essen.

1. Mose 43,16

Krustenbraten mit
gefüllten Kartoffelklößen
an Apfelrotkohl

Josefs Festessen
zu 1. Mose 43

Ein Festessen, ein reich gedeckter Tisch, ein weißes Tischtuch, Kerzenschein. Große Vorbereitungen, liebevolles Aussuchen der Speisefolge, eine gute Kombination aus Gewürzen und Zutaten. Ein besonderer Anlass. Eine ausgewählte Gesellschaft.

Josefs Brüder werden zu einem Festessen eingeladen. Von dem Ägypter, von dessen Getreidevorräten sie abhängig sind. Und von dem sie nicht ahnen, dass er ihr Bruder ist. Der Bruder, den sie damals als Sklaven verkauft hatten, aus Wut und aus Neid. Mulmig ist ihnen zumute, sie wissen nicht so recht, was sie von der Situation halten sollen.

Josef aber weiß es. Er erkennt seine Brüder, und er stellt sie auf die Probe: Würden sie wieder so handeln wie damals? Oder haben sie sich verändert?

In dieser ungeklärten Situation ein Festessen. Josef richtet es aus. Josef, der damals das Opfer seiner Brüder gewesen war. Josef, den sie verkauft hatten. Josef, der sich offensichtlich jetzt über das Wiedersehen mit seinen Brüdern so sehr freut, dass er inkognito ein Festessen ausrichtet.

Vielleicht nimmt dieses festliche Mahl den Ausgang der Geschichte schon vorweg: Josef, der das Festessen ausrichtet, er feiert jetzt schon. Als er sich später seinen Brüdern zu erkennen gibt, sagt er: »Denkt nicht, dass ich zornig bin. Zur Erhaltung des Lebens hat Gott mich vor euch hergesandt.« Die Geschichte, die mit Hass und Neid ihren Anfang nahm, mit Kummer und Zerwürfnis, diese Geschichte geht gut aus: Gott sei Dank, dass es so gekommen ist, sagt Josef. Gott sei Dank, dass es so gekommen ist, sagt er über einen Weg, der für ihn lange Zeit unbequem und schwierig war. Und dennoch: Gut so! Gott sei Dank.

Und das Festessen? Das gibt es bei Josef zu einem Zeitpunkt, an dem das noch nicht für alle Beteiligten klar war. Merkwürdig eigentlich. Und ungewöhnlich. Aber auch ein schönes Zeichen. Ein Zeichen der Zuversicht, dass Wege gut zu Ende gehen. Ein Zeichen der Hoffnung, dass auch nach Jahren Versöhnung noch möglich ist.

Interessante Idee eigentlich, ein Festessen auf dem Weg. Ein Festessen, wenn noch nicht alles geklärt ist, ein Festessen als Zeichen der Hoffnung, dass auch unsere Wege, die manchmal lang und unbequem sein können, ein gutes Ziel haben werden und wir eines Tages sagen können: Gut so! Gott sei Dank!

Lassen Sie sich »Josefs Festessen« in diesem Sinne schmecken, im Sinne der Hoffnung und Zuversicht.

Krustenbraten mit gefüllten Kartoffelklößen an Apfelrotkohl

SIE BRAUCHEN

Für den Krustenbraten
- 2 kg Krustenbraten vom Schwein (am besten bereits vom Metzger die Schwarte in Rauten schneiden lassen)
- 2 Zwiebeln
- 3 EL Mehl
- Rapsöl zum Braten
- ca. 2 Tassen Wasser
- Salz, Pfeffer, Paprikagewürz (edelsüß)

Für die gefüllten Kartoffelknödel
- 600 g Kartoffeln (mehligkochend)
- 2 Eigelb
- 40 g Kartoffelmehl
- 40 g Butter
- 8 getrocknete Pflaumen
- Salz, Muskatnuss (gerieben)

Für den Apfelrotkohl
- 1 Rotkohl
- 3 säuerliche Äpfel (z. B. Braeburn)
- 2 Zwiebeln
- 200 ml Apfelsaft
- 100 g Butter
- Salz, Pfeffer, Zucker
- 2 Lorbeerblätter
- 6 Gewürznelken
- 200 ml weißer Balsamicoessig

4 Portionen
Zubereitungszeit: ca. 90 Minuten

ZUBEREITUNG

KRUSTENBRATEN

Den Krustenbraten mit den Gewürzen bestreuen und gut einreiben. Das Rapsöl auf höchster Stufe in einem großen Topf erhitzen und den Braten mit der Krustenseite nach unten in das heiße Fett legen. Sobald sich die Kruste leicht vom Topfboden lösen lässt, kann der Braten gewendet und von allen Seiten angebraten werden. Danach den Braten aus dem Topf heben.

Die Zwiebeln fein würfeln und im vorhandenen Fett anbraten. Eine halbe Tasse Wasser in den Topf gießen und mit einem Holzlöffel den Bratansatz vom Topfboden lösen. Sobald das Wasser verdunstet ist, den Vorgang zwei bis drei Mal wiederholen. Im Anschluss den Braten mit Kruste nach oben im Topf positionieren und so viel Wasser in den Topf dazu geben, dass der Braten bis über die Hälfte damit bedeckt ist. Das Wasser mit dem Krustenbraten zum Kochen bringen und nun bei mittlerer Hitze und mit Deckel eine halbe Stunde vor sich hin köcheln lassen. Nach einer halben Stunde den Braten wenden, so dass die Kruste nun auf dem Topfboden aufliegt, und ebenfalls 30 Minuten köcheln lassen. Dann den Braten erneut wenden, so dass die Kruste wieder nach oben zeigt, und etwa 20 Minuten ohne Deckel im vorgeheizten Backofen bei 180 °C Umluft backen lassen. Den Braten aus dem Topf nehmen und die entstandene Bratensoße auf dem Herd zum Kochen bringen. 3 EL Mehl in eine kleine Schüssel geben und unter Rühren mit einem Schneebesen mit einer halben Tasse Wasser nach und nach zu einer glatten Masse mengen. Die Mehlmischung nach und nach in die kochende Soße gießen, bis die gewünschte Soßenkonsistenz erreicht ist.

Krustenbraten mit gefüllten Kartoffelklößen an Apfelrotkohl

KARTOFFELKNÖDEL

Die Kartoffeln mit Schale weichkochen und im Anschluss pellen. Die gepellten Kartoffeln durch eine Kartoffelpresse in eine Schüssel drücken – je feiner, desto besser. Nun die Kartoffelmasse gut ausdampfen lassen, bis sie nur noch lauwarm ist. Dann das Eigelb mit einem Holzlöffel untermengen und zu einem glatten Teig verarbeiten. Das Kartoffelmehl zugeben und in das Püree einkneten, bis keine Klümpchen mehr zu sehen sind. Nun die weiche Butter, eine Prise Salz und etwas geriebene Muskatnuss hinzufügen und ebenfalls untermengen.

Den Teig in 8 gleich große Mengen portionieren. Die Hände mit etwas Kartoffelmehl einreiben und aus dem Teig 8 runde Klöße formen. Klöße ein Stückchen öffnen, so dass eine getrocknete Pflaume darin platziert werden kann. Im Anschluss erneut verschließen und wieder rund formen.

Einen großen Topf zu drei Vierteln mit Wasser füllen, salzen und zum Kochen bringen. Da die Klöße nicht ins kochende Wasser sollen, die Kochplatte auf kleinste Stufe drehen, die Klöße hineingeben und sie darin ca. 15 Minuten sieden lassen, bis sie oben schwimmen.

APFELROTKOHL

Die Zwiebeln schälen und fein würfeln, Rotkohl in feine Streifen schneiden. Die Butter in einem Kochtopf schmelzen. Die Zwiebeln hinzugeben und andünsten. Rotkohl zu den Zwiebeln geben und weiterdünsten. Zwei der Äpfel schälen, entkernen, würfeln und unter den Rotkohl mischen. Essig und Apfelsaft hinzugeben und mit einer Prise Salz, etwas Pfeffer und Zucker nach Belieben abschmecken. Nun werden die beiden Lorbeerblätter hinzugefügt. Den übrigen Apfel mit den Nelken spicken.

Nun die Rotkohlmasse durchrühren, den gespickten Apfel in die Mitte des Rotkohls legen und wieder mit Rotkohl bedecken.

Bei mittlerer Hitze etwa 20 Minuten garen und ab und zu vorsichtig umrühren. Zum Schluss die beiden Lorbeerblätter und den gespickten Apfel wieder entfernen.

ANRICHTEN

Den Krustenbraten schneiden, die Kartoffelknödel aus dem Wasser nehmen und beides mit dem Apfelrotkohl auf Tellern schön anrichten.

Der lange Weg in die Freiheit
zu 2. Mose

Steine aus Lehm formen. Tag für Tag in sengender Hitze, in Gefangenschaft, als Sklaven. Steine aus Lehm für die ägyptischen Häuser. Daran erinnert mit seiner braunen Farbe »Charoset«, eine jüdische Speise, in der Mandeln, Äpfel und Zimt verarbeitet sind, und die auf dem Seder-Tisch steht, wenn jüdische Familien Pessach feiern.

Der »Apfelkuchen à la Charoset« nimmt diese Symbolik auf – und schließt damit an die biblische Geschichte des gefangenen Volkes Israel an, mit der das zweite Buch Mose seinen Anfang nimmt. Steine aus Lehm formen. Tag für Tag in sengender Hitze, in Gefangenschaft, als Sklaven.

Beim jüdischen Pessachmahl erinnern sich die Menschen an die Gefangenschaft des Volkes Israel in Ägypten, an die Sklaverei, an die Unfreiheit.

Was sind die Dinge, durch die Sie gefangen sind? Oder vielleicht etwas vorsichtiger formuliert: unfrei? Vielleicht kommen Ihnen Gegebenheiten in den Sinn, Umstände oder Zusammenhänge. Zuweilen sind es Sorgen oder Ängste, die uns nicht loslassen.

Und da ist der Stein als Symbol für Dinge, die uns beschweren, nicht weit hergeholt. Denn das, was uns einschränkt, was uns unfrei macht, macht es schwer, liegt manchmal wie ein Stein auf dem Herzen.

Beim jüdischen Pessachmahl erinnern sich die Menschen an die Gefangenschaft – und sie feiern den Auszug aus Ägypten, aus der Sklaverei, den Weg in die Freiheit. Diese Gefangenschaft hat ein Ende, aus dieser Gefangenschaft führt Gott heraus.

Wie gut zu hören! Wie gut, sich zu erinnern! Dass der Weg aus der Gefangenschaft herausführte, dass Gott herausführt aus den Umständen, die unfrei machen. Wie gut zu hören und wie gut zu hoffen, dass er es im Hier und Jetzt wieder tut!

Vielleicht mögen auch Sie den Apfelkuchen à la Charoset wie Steine schneiden. Steine, die als Symbol für »Gefangenschaften« im Leben stehen können. Wie schön wird es sein, wenn davon gleich kaum noch ein Krümel übrig ist! Und Sie sich mit dem süßen Geschmack, dem Vorgeschmack der Freiheit, hineinstellen in die Hoffnung, dass Gott herausführt aus der Gefangenschaft. Guten Appetit!

Apfelkuchen à la Charoset

IMPULS

Apfelkuchen à la Charoset

SIE BRAUCHEN

- 250 g Butter
- 250 g Zucker
- 2 Pk. Vanillezucker
- 4 Eier
- 400 g Mehl
- 1 Pk. Backpulver
- 1 TL Zimt
- 5 Äpfel (z. B. Pink Lady)
- 1 Zitrone
- 100 g Mandelstifte

12 Portionen
Zubereitungszeit: ca. 20 Minuten
plus Backzeit

ZUBEREITUNG

Die Zitrone auspressen. Die Äpfel schälen, die Kerngehäuse entfernen und die Äpfel in kleine Würfel schneiden. Mit dem Zitronensaft vermischen und beiseitestellen.

Die Eier mit dem Zucker schaumig schlagen, das kann einige Minuten dauern. Butter, Vanillezucker, Mehl, Backpulver und Zimt unterrühren. Die Mandelstifte und Apfelstücke (ohne den Zitronensaft) in den Teig geben und unterheben.

Ein Backblech gut mit Butter einfetten und den Teig gleichmäßig verteilen.

Im vorgeheizten Backofen bei 180 °C Umluft ca. 45–50 Minuten backen.

Also zogen die Israeliten aus von Ramses nach Sukkot ...

2. Mose 12,37

Bereitet ein Lamm!
zu 2. Mose 12

Bereitet ein Lamm! Am Abend vor dem Auszug aus der Knechtschaft, aus der Gefangenschaft. Am Abend vor dem Auszug aus Ägypten sollen die Israeliten ein Lamm zubereiten. Gott führt sie heraus aus der Knechtschaft in das gelobte Land, in die Freiheit.

Am Abend vor dem Auszug ein Lamm: typischerweise mit besonders zartem Fleisch, aber auch mit einer herben Note. Mit dieser Ambivalenz nimmt es für mich zwei Komponenten des bevorstehenden Auszugs aus der Knechtschaft vorweg: Einerseits ist da die Vorfreude auf das, was kommen wird: ein versprochenes Land, Leben in Freiheit. Andererseits ist es bis dahin ein langer Weg, ein entbehrungsreicher Weg, ein Weg, der durch die Wüste führt.

Auch in unserer Zeit kommen mir Ambivalenzen in den Sinn, die Veränderungen auf dem Weg in die Freiheit mit sich bringen können: dass beispielsweise das Entrümpeln eines Kellers erst einmal nervig ist, bevor sich das wohlige Gefühl einstellt, von altem Kram befreit zu sein. Oder dass angesichts von zu viel Arbeit die Analyse der eigenen Arbeitsweise erst einmal Kraft kostet, bevor sich eine spürbare und positive Veränderung einstellen kann – und ich von Stress und Druck befreit bin.

In der Homöopathie gibt es den Begriff der sogenannten Erstverschlimmerung: Etwas wird zunächst schlimmer, bevor es sich bessern kann. In vielen Lebenslagen erkenne ich dieses Phänomen wieder – im Kleinen und im Großen.

Auch die Israeliten müssen sich gedulden. Sehr sogar. Die Menschen, die damals aus Ägypten ausgezogen sind, werden das Gelobte Land selber nicht mehr erreichen, sondern erst ihre Nachkommen. Und doch: Es lohnt sich! Auch wenn die ersten Schritte hin zu positiven Veränderungen schwer sind und ein gutes Ende in Freiheit in weiter Ferne scheint. Auch wenn manchmal erst nachfolgende Generationen die Freiheit genießen können, die in vorherigen Zeiten angebahnt wurde.

Vielleicht kommt Ihnen ja etwas in den Sinn, wo Sie genau diese Freiheit genießen können. Und vielleicht ermutigt es Sie, im Kleinen oder im Großen den Weg aus einer aktuellen »Gefangenschaft« zu suchen, auch wenn der Anfang mühsam ist.

Lammkeule mit Rosmarinkartoffeln

Lammkeule mit Rosmarinkartoffeln

SIE BRAUCHEN

- 1 Lammkeule (ca. 1,5 bis 2 kg)
- 1 Zitrone
- ½ TL Koriander (gemahlen)
- 2 Knoblauchzehen
- Salz, Pfeffer
- Paprika (edelsüß)
- 1–1,5 kg kleine Kartoffeln (festkochend, z. B. Drillinge)
- 300 g Cocktailtomaten
- 3 Zweige Rosmarin
- 2 EL Olivenöl

4 Portionen
Zubereitungszeit: ca. 25 Minuten

ZUBEREITUNG

Den Knoblauch schälen und in dünne Scheiben schneiden.

Mit einem Küchenmesser 10–15 kleine Schlitze in die Lammkeule stechen. Die Schlitze nun mit je einer Scheibe Knoblauch, einer Messerspitze Koriander und ein paar Tropfen Zitronensaft füllen. Danach die Keule mit Salz, Pfeffer und etwas Paprika einreiben.

Die Keule in einen Bräter geben und etwas Wasser (2–3 cm hoch) aufgießen. Mit geschlossenem Deckel im vorgeheizten Backofen bei 180 °C Umluft ca. 90 Minuten backen. Bei Bedarf etwas Wasser zugießen. Nach der Hälfte der Backzeit die Keule wenden.

Nach den 90 Minuten die Keule aus dem Bräter heben, auf ein Backblech legen. Die Kartoffeln waschen und im Ganzen mit dem Olivenöl vermengen, die Tomaten halbieren und mit den Kartoffeln um die Keule herum verteilen. Die Rosmarinzweige über die Kartoffeln legen und alles nochmal für ca. 40 Minuten in den Backofen geben.

Am zehnten Tage dieses Monats nehme jeder Hausvater ein Lamm, je ein Lamm für ein Haus.

2. Mose 12,3

Sehnsuchtsspeisen
zu 4. Mose 11,5

Im Nachhinein sieht man manches Mal die Dinge durch eine rosarote Brille: »Weißt du noch das tolle Panorama in den Bergen? Guck doch mal diese super Aussicht vom Gipfel aus ins Tal – wie schön wir's hatten«, mag mancher beim Durchblättern oder Durchklicken der Urlaubsfotos denken. Der Muskelkater am nächsten Tag und der Streit in aller Erschöpfung kurz vorm Gipfel darüber, ob nicht Urlaub am Meer auch mal schön wäre, ist zum Glück vergessen.

Manchmal kann eine rosarote Brille aber auch den Blick so verklären, dass ich den gleichen Fehler zweimal mache, zum Beispiel den Wanderurlaub fürs nächste Jahr schon wieder buche, obwohl der vergessene Streit täglich stattfand und das Bedürfnis meines Gegenübers offensichtlich ein anderes ist. Manchmal schadet eine rosarote Brille.

Die Israeliten, die so lange schon durch die Wüste wandern, sehen die Vergangenheit in Knechtschaft durch ebenso eine rosarote Brille: »Wir denken an die Fische, die wir in Ägypten umsonst aßen, und an die Kürbisse, die Melonen, den Lauch, die Zwiebeln und den Knoblauch.«

Sie scheinen über dem Träumen von der guten Küche offensichtlich die Unterdrückung und die Unfreiheit, in der sie lebten, zu vergessen. Gott wird zornig, Mose ist überfordert. Streit und Unzufriedenheit sind die Folge.

Aber dass man von Abwechslung auf dem Speiseplan träumt, wenn es täglich das Gleiche gibt, Manna und Wachteln – verstehen kann ich das schon. Ob sie schlussendlich wirklich dafür getauscht hätten, oder ob ihnen die andere Seite wieder eingefallen wäre? Wir wissen es nicht.

Eine rosarote Brille kann beides mit sich bringen: eine gute Besänftigung und damit einen versöhnten Blick auf Vergangenes, aber auch die Gefahr, zu viele und falsche Kompromisse einzugehen.

Ein Gutes hat die rosarote Brille aber auf jeden Fall: Sie hält den Blick wach für die eigenen Bedürfnisse. Sich eine ausgewogene Küche und abwechslungsreiche Speisen zu wünschen, ist legitim. Sich im Urlaub auspowern zu wollen oder einfach nur über die Natur zu staunen auch. Es ist gut zu merken, was mir wichtig ist und was mir guttut. Aber manchmal muss ich neue Wege gehen, um das zu erreichen: Vielleicht das Rennrad mitnehmen zum Strandurlaub – für sportliche Betätigung, schöne Landschaft und zufriedene Mitreisende.

Gebratene Dorade mit Gemüse und Melone

IMPULS

Gebratene Dorade

SIE BRAUCHEN

- 2 große Doraden
- Pflanzenöl zum Braten
- Salz, Pfeffer
- 1 Zitrone (unbehandelt)

2 Portionen
Zubereitungszeit: ca. 10 Minuten

ZUBEREITUNG

Die beiden Doraden gut waschen, leicht salzen und pfeffern. Von beiden Seiten etwa 3–5 Minuten im heißen Pflanzenöl knusprig goldbraun braten. Nach dem Braten auf einem Küchentuch kurz abtropfen lassen und mit den Scheiben einer unbehandelten Zitrone garnieren.

Kürbisspalten aus dem Ofen

SIE BRAUCHEN

. 1 Hokkaido-Kürbis

Für die Marinade
. 250 ml Sonnenblumenöl
. 3 Knoblauchzehen
. 1 TL Salz
. ½ TL Pfeffer
. 2 TL Paprikapulver (scharf)

4 Portionen
Zubereitungszeit: ca. 15 Minuten

ZUBEREITUNG

Für die Marinade die Knoblauchzehen schälen und pressen und mit 1 TL Salz, ½ TL Pfeffer und 2 TL scharfem Paprikapulver mit dem Sonnenblumenöl vermischen, so dass sich alle Zutaten gut miteinander verbinden.

Da der Hokkaido-Kürbis ungeschält verzehrt wird, sollte er kurz abgewaschen werden. Nun die beiden Enden des Kürbisses abschneiden und ihn der Länge nach halbieren und aushöhlen. Spalten aus den Kürbishälften schneiden (2–3 cm breit).

Mit einem Pinsel die Marinade auf den Kürbisspalten verstreichen und auf einem mit Backpapier ausgelegten Backblech so positionieren, dass sie auf der Schale stehen und wie kleine Halbmonde aussehen. Während die Marinade ein paar Minuten in die Kürbisspalten einzieht, den Backofen auf 170 °C Umluft vorheizen. Dann etwa 20 Minuten bei 170 °C Umluft backen.

Buntes Herbstgemüse in pikanter Tomatensoße

SIE BRAUCHEN

- 1 Hokkaido-Kürbis
- 1 mittelgroße Zucchini
- 1 rote Paprika
- 4 Tomaten
- 1 Dose passierte Tomaten
- 2 Knoblauchzehen
- Salz, Pfeffer
- ½ TL gemahlener Kreuzkümmel
- 1 TL Chiliflocken
- Sonnenblumenöl zum Braten
- Petersilie zum Garnieren

4 Portionen
Zubereitungszeit: ca. 15 Minuten

ZUBEREITUNG

Paprika, Tomaten und Kürbis in mundgerechte Würfel schneiden. Die Zucchini in Scheiben schneiden. In einem großen Topf das Sonnenblumenöl erhitzen. Den Knoblauch schälen, pressen und im heißen Öl andünsten. Nun die Kürbisstücke zu dem Knoblauchöl geben und ebenfalls mit anschwitzen. Nach 3–5 Minuten die restlichen Zutaten hinzufügen, mit Salz, Pfeffer, ½ TL gemahlenem Kreuzkümmel sowie einem knappen TL Chiliflocken würzen und bei mittlerer Hitze eine Viertelstunde köcheln lassen. Zum Schluss mit Petersilie garnieren.

Gewürfelte Wassermelone mit Feta

SIE BRAUCHEN

- 1 kleine Wassermelone
- 400 g Feta

4 Portionen
Zubereitungszeit: ca. 15 Minuten

ZUBEREITUNG

Die Wassermelone halbieren und in Spalten schneiden, diese bestmöglich entkernen und mit einem Messer eng an der Schale entlang schneiden, so dass nur noch Fruchtfleisch übrig ist. Das Fruchtfleisch sowie der Feta werden in mundgerechte Würfel geschnitten und auf einem Teller gemeinsam angerichtet.

Wir denken an die Fische, die wir in Ägypten umsonst aßen, und an die Kürbisse, die Melonen, den Lauch, die Zwiebeln und den Knoblauch.

4. Mose 11,5

Ein Land, in dem Milch und Honig fließt
zu 5. Mose 27,3

Ein Land, in dem Milch und Honig fließt – dahin will Gott die Israeliten führen. Wie ein roter Faden führt dieses Motiv durch die Erzählung von der Wüstenwanderung: Ein Land, in dem Milch und Honig fließt, ist das Ziel der Reise. Ein Land, in dem Milch und Honig fließt, ist der Ort der Sehnsucht, für den sich die Wüstenwanderung lohnt, für den es sich durchzuhalten lohnt.

In biblischer Zeit sind »Milch und Honig« Ausdruck für den Reichtum eines Landes. Milch und Honig, fettig und süß. Offensichtlich war hier kein Ernährungswissenschaftler des 21. Jahrhunderts am Werk bei der Formulierung dessen, was die Sehnsucht der Israeliten wachhalten soll. Sondern jemand, der weiß: Fettig und süß, oder schöner gesagt: nahrhaft und süß, davon wird man nicht nur satt, das macht im Idealfall auch glücklich! Vielleicht macht das auch eine besondere Seite dieses Reichtums aus: dass er nicht nur satt macht, sondern auch glücklich. Denn dass es nicht allein ums Sattwerden gehen kann, das haben die Israeliten in der Wüste zur Genüge erfahren.

Und ich glaube, das wissen auch wir, die wir in einer Gesellschaft leben, in der Sattwerden häufig die leichtere Aufgabe zu sein scheint, als glücklich zu sein. Gott führt in ein Land, in dem man satt und glücklich sein kann. Welch wunderbares Versprechen! Was für eine schöne Verheißung!

Satt und glücklich – diese beiden können auch Pate stehen für die Dinge, die nötig sind (satt) und darüber hinaus auch noch schön (glücklich).

Vielleicht gibt es Landstriche mit »Milch und Honig« in Ihrem Leben: zum Beispiel, dass die Arbeit nicht nur dem Broterwerb dient, sondern darüber hinaus auch Spaß macht und erfüllt. Oder dass das Abschaffen des Autos zwar notgedrungen passieren musste, aber die vielen Kontakte im ÖPNV neue Perspektiven eröffnen.

Und für die Bereiche im Leben, wo der Honig bisher zu kurz kommt, tut es mir gut zu hören, dass Gott für uns Menschen beides vorsieht: Milch und Honig, nahrhaft und süß, satt und glücklich.

Milchreis türkischer Art

Milchreis türkischer Art

SIE BRAUCHEN

- 1 l Milch
- 250 g Zucker
- 100 g Rundkornreis
- 2 EL Reismehl oder Weizenstärke
- 2–3 EL Wasser
- 1 Pk. Vanillezucker
- 1 Prise Salz
- 1 Apfel
- Butter zum Braten
- Zimt

4 Portionen
Zubereitungszeit: ca. 15 Minuten

ZUBEREITUNG

Den Reis waschen und in reichlich Wasser kochen (ca. 10 Minuten). Anschließend den Reis durch ein Sieb abgießen und zurück in den Topf geben. Zusammen mit Milch und Zucker sowie einer Prise Salz den Reis erneut aufkochen. Reismehl mit 2–3 EL Wasser anrühren und in die Milch geben. Den Vanillezucker unterrühren. Den Apfel in Spalten schneiden und in einer Pfanne in der Butter goldbraun anbraten. Den Milchreis auf Teller verteilen, die gebratenen Apfelspalten darüber geben und nach Belieben mit Zimt bestäuben.

Auf dass du kommest in das Land, das der Herr, dein Gott, dir geben wird, ein Land, darin Milch und Honig fließt, wie der Herr, der Gott deiner Väter, dir zugesagt hat.

5. Mose, 27,3

Boas sprach zu ihr, als Essenszeit war: Komm hierher und iss vom Brot und tauche deinen Bissen in den Essigtrank! Und sie setzte sich zur Seite der Schnitter. Er aber legte ihr geröstete Körner vor, und sie aß und wurde satt und ließ noch übrig.

Rut 2,14

Brotsalat mit Tomaten

Brot, Essig und geröstete Körner
zu Rut 2,14

Wie viele Lebensgeschichten wohl auf »glücklichen Zufall« zurückgehen? Und auch wie viele Leben? In vielen Familien gibt es Geschichten, die unter der Überschrift stehen könnten: Wenn dies oder jenes nicht passiert wäre, gäbe es mich heute nicht. Wenn mein Vater damals nicht wegen Arbeitslosigkeit in die andere Stadt gezogen wäre, wo er meine Mutter kennengelernt hat, gäbe es mich heute nicht. Oder: Wenn mein Mann nicht zuerst etwas anderes studiert hätte, hätten wir uns nicht kennengelernt, dann gäbe es unsere Kinder nicht.

Wenn man sich dann überlegt, auf wie vielen zufälligen Begegnungen das Leben, das eigene Leben fußt, wenn man den Blick durch die vorherigen Generationen schweifen lässt, ergreift mich fast schon ein mulmiges Gefühl.

Das Buch Rut wagt diesen Blick in vorherige Generationen und beschreibt die Liebesgeschichte von Rut, der Urgroßmutter König Davids.

Als Ruts Mann stirbt, geht sie gemeinsam mit ihrer Schwiegermutter zurück in deren Heimat – was ungewöhnlich ist, schließlich ist es für sie selbst ein fremdes Land. Dort lernt sie Boas kennen, die beiden verlieben sich. »Brotsalat mit Tomaten« erinnert an ein Essen, zu dem Boas Rut einlädt: Brot, Essig und geröstete Körner (Rut 2,14).

An so vielen Stellen hätte es anders laufen können im Leben von Rut, an so vielen Stellen hätte der Lebensweg eine andere Abzweigung nehmen können, und doch ist es so gekommen, wie es gekommen ist. Was für ein Glück! Oder anders gesagt: Gott sei Dank. So würde es sicherlich die Bibel formulieren, die diese ungewöhnliche Geschichte von König Davids Herkunft aufnimmt.

Was für ein Glück – nicht nur mit Blick auf Rut und ihre Nachkommen, sondern auch mit Blick auf meine Herkunft und mein Leben: Was für ein Glück, dass es mich gibt, bei all den Unwägbarkeiten durch die Generationen, die es wahrscheinlich gab. Und ich merke, dass das anfängliche mulmige Gefühl einem Wohlbehagen weicht: Schön, dass es mich gibt! Gott sei Dank.

Brotsalat mit Tomaten

SIE BRAUCHEN

- 1 Baguette
- 1 Bund Frühlingszwiebeln
- 300 g Cocktailtomaten
- 100 g Kürbiskerne
- 1 TL Zucker
- 4 EL Apfelsaft
- 4 EL Essig
- 4 EL Sonnenblumenöl
- Salz, Pfeffer

4 Portionen
Zubereitungszeit: ca. 20 Minuten

ZUBEREITUNG

Baguette in dünne Scheiben schneiden, auf ein mit Backpapier ausgelegtes Backblech geben und bei 180 °C kross rösten.
Die Kürbiskerne in einer Pfanne (ohne Fett) vorsichtig rösten.
Die Cocktailtomaten halbieren, die Frühlingszwiebeln fein hacken und mit den Tomaten vermengen.

Aus den restlichen Zutaten ein Dressing bereiten und mit den Tomaten und den Frühlingszwiebeln gut vermengen.

Das warme Brot vorsichtig unterheben und danach die Kürbiskerne über den Brotsalat streuen.

Mit gutem Essen gegen Mord und Totschlag

zu 1. Samuel 25

Rosinen- und Feigenkuchen

Rosinen- und Feigenkuchen. Eine Frau macht sich auf den Weg, um eine blutige Auseinandersetzung zu verhindern – mit Brot und Wein, Korn und Fleisch und mit Rosinen- und Feigenkuchen. Eine Auseinandersetzung um Ehre und Stolz, um Besitz und Gier. Eine Auseinandersetzung zwischen David und Nabal. Eine Auseinandersetzung, die nach alter Gewohnheit der beiden ausgetragen werden soll, nämlich mit Gewalt. Nach alter Gewohnheit, Böses mit Bösem zu vergelten.

In diese Auseinandersetzung mischt sich Abigajil ein, eine kluge und schöne Frau. Und zwar mit gutem Essen. Und verhindert durch ihr beherztes Eingreifen Mord und Totschlag. Sie durchbricht eben diese alte Gewohnheit, einen Konflikt mit Gewalt zu lösen. Feigenkuchen und viele andere Köstlichkeiten bringt sie mit und »zwingt« David – mit gutem Essen – eine Denkpause auf: Ist das, was du vorhast, wirklich die richtige Vorgehensweise, nur weil es die gewohnte ist?

Eine gute Frage, die in vielen Lebenslagen (auch in kleineren Zusammenhängen als drohendem Mord und Totschlag) bedenkenswert ist, finde ich. Wie gut hier offensichtlich die Unterbrechung tut. Denn solange gegessen und geredet wird, kann David nicht in die Schlacht ziehen. Solange gegessen wird, muss der Streit ruhen. Schön, wenn dieser Automatismus funktioniert! Wenn ich mich in meinem gewohnten Verhalten unterbrechen lasse – durch ein Essen. Wenn ich mich frage: Ist das, was ich sagen oder tun will, die richtige Vorgehensweise, nur weil es die gewohnte ist?

Welche gewohnte Vorgehensweise könnte ich einmal unterbrechen, durch ein Essen, vielleicht auch gerade bei einem Essen? Ich könnte beispielsweise versuchen, nicht zu meckern, wenn ein Kind gekleckert hat. Oder über den Witz meines Gegenübers lachen, auch wenn ich ihn nicht witzig fand. Und vielleicht muss ich einmal nicht in einer Diskussion das letzte Wort haben.

Ist das, was du vorhast, wirklich die richtige Vorgehensweise, nur weil es die gewohnte ist? Lassen Sie sich unterbrechen. Von einem guten Essen, vielleicht von Kuchen, Rosinenkuchen und Feigenkuchen. Denn auch wenn nicht gleich Mord und Totschlag zu verhindern ist, wie bei David und Nabal, lohnt es sich sicherlich, sich in seinen Gewohnheiten einmal unterbrechen zu lassen.

Rosinen- und Feigenkuchen

SIE BRAUCHEN

- 500 g Butter
- 500 g Zucker
- 4 Pk. Vanillezucker
- 8 Eier
- 800 g Mehl
- 2 Pk. Backpulver
- 200 g Rosinen
- 200 g Marzipan
- 200 g getrocknete Feigen
- 200 g Walnüsse

2 x 12 Portionen
Zubereitungszeit: ca. 20 Minuten
plus Backzeit

ZUBEREITUNG

Eier, Zucker und Vanillezucker mit dem Handrührer schaumig schlagen. Butter, Mehl und Backpulver dazugeben und alles zu einem dickflüssigen Teig verarbeiten. Den Teig halbieren und auf 2 Schüsseln verteilen.

In einer Schüssel die Rosinen und das in kleine Würfel geschnittene Marzipan unterheben. In die andere Schüssel die in Stückchen geschnittenen Feigen und die Walnüsse geben und unter den Teig heben.

2 Tarteformen (ca. 32 cm Durchmesser) mit Backpapier auslegen und jeweils den Inhalt einer Schüssel in der Form verteilen. Beide Kuchen ca. 45 Minuten im vorgeheizten Backofen bei 180 °C backen.

Da eilte Abigajil und nahm zweihundert Brote und zwei Krüge Wein und fünf zubereitete Schafe und fünf Scheffel Röstkorn und hundert Rosinenkuchen und zweihundert Feigenkuchen und lud alles auf Esel ...

1. Samuel 25,18

Sehen, was fehlt
zu 2. Samuel 17,27–29

David und seine Männer werden bewirtet: Mit allerlei Speisen werden sie erwartet. In der Ferne, weit weg vom heimatlichen Herd werden verschiedene Dinge aufgetischt: Weizen, Gerste, Mehl, geröstete Körner, Bohnen, Linsen, Honig, Butter, Kuh- und Schafkäse – eine Vielfalt an Speisen. Und nicht nur das, auch noch »Betten und Becken« werden ihnen geliefert. Nach langem Marsch, in der Fremde angekommen, wird den Männern um David offensichtlich eine Rundum-sorglos-Verpflegung geboten.

Denn die, die sie da versorgen, dachten, »das Volk wird hungrig, müde und durstig geworden sein in der Wüste«, so heißt es in der Bibel.

Wie schön, wenn jemand mitdenkt! Wie schön, wenn jemand aufmerksam sieht, was fehlt. Von der Reaktion der Versorgten ist hier nichts weiter geschrieben, aber dass in dieser Ausführlichkeit die Speisen aufgezählt werden, die gereicht werden, spricht für sich und für ein dankbares und begeistertes Empfangen.

Denn sie dachten: »Das Volk wird hungrig, müde und durstig geworden sein.« Was ist das, was fehlt? Was braucht der andere? Wie gut tut es zu merken, wenn sich jemand solche Gedanken macht.

Vielleicht fallen Ihnen Geschichten oder Geschehnisse ein, wo Sie selber genau das gespürt haben, dass der andere sich Gedanken um Sie macht: »Ich merke, Sie haben gerade gar keine Zeit, ich komme später nochmal vorbei.« »Du wirst müde sein nach der langen Fahrt, setz dich doch erstmal.« »Soll ich deine Tochter mitnehmen auf den Spielplatz, dann kannst du dich mal ausruhen.«

Auch auf die Gefahr hin, dass der andere sich vertut und sein »Umsorgen« mich in dem Moment eher nervt, als dass es mir hilft – auch das kann ja passieren –, ist es doch schön zu merken, wenn Menschen zumindest versuchen, sich in den anderen hineinzuversetzen.

Achten Sie doch einmal darauf, wie oft das passiert. Dass zwar nicht gleich ein ganzes Buffet aufgetischt wird, aber dass Sie merken: Jemand hat mich im Blick.

Käsecreme, Bohnensalat und Vollkornbrot

IMPULS

Käsecreme

SIE BRAUCHEN

- 200 g Frischkäse Natur
- 200 g Hüttenkäse
- 1 rote Paprika
- 1 TL Chiliflocken
- Paprikapulver (edelsüß)
- Salz, Pfeffer

4 Portionen
Zubereitungszeit: ca. 10 Minuten

ZUBEREITUNG

Die Paprika in feine Würfel schneiden. Den Hüttenkäse mit dem Frischkäse vermengen, etwas Paprikapulver und die gewürfelte Paprika unterrühren. Mit Salz und Pfeffer abschmecken.

Bohnensalat

SIE BRAUCHEN

- 2 Dosen dicke Bohnen
- 2 Tomaten
- 1 Bund glatte Petersilie
- 1 TL Zucker
- 2 EL Wasser
- 2 EL Essig
- 3 EL Öl (Sonnenblumenöl, wer es etwas herber mag, kann auch Olivenöl nehmen)
- Salz, Pfeffer

4 Portionen
Zubereitungszeit: ca. 15 Minuten

ZUBEREITUNG

Die Bohnen gut abtropfen lassen. Die Tomaten in grobe Würfel schneiden, Petersilie hacken und beides mit den Bohnen in eine Schüssel geben. Aus den restlichen Zutaten ein Dressing bereiten, kräftig abschmecken, in die Schüssel geben und alles gut vermengen.

Vollkornbrot

SIE BRAUCHEN

- 1000 g Vollkornweizenmehl
- 500 g Magerquark
- 1 TL Salz
- 80 g Hefe
- 1 Tasse warme Milch
- ½ l Wasser
- 2 EL Rübenkraut oder Honig
- Fett für die Form

Ergibt etwa 30 dicke Scheiben Brot
Zubereitungszeit: ca. 20 Minuten
plus 90 Minuten Ruhe- und Backzeit

ZUBEREITUNG

3 EL Mehl, Hefe und Milch glattrühren. Rübenkraut oder Honig dazugeben, abdecken und ca. 20 Minuten gehen lassen.

Dann mit dem restlichen Mehl, dem Quark, dem Salz und knapp ½ l kaltem Wasser verkneten und nochmals 20 Minuten gehen lassen.

Eine große Kastenform (ca. 45 cm) fetten, Brot formen und in die Form geben, wieder 20 Minuten gehen lassen. Im vorgeheizten Backofen bei ca. 200 °C Umluft etwa 70 Minuten backen, bis das Brot schön dunkelbraun ist.

Als David nach Mahanajim gekommen war, da brachten (... sie) Betten, Becken, irdene Gefäße, Weizen, Gerste, Mehl, geröstete Körner, Bohnen, Linsen, Honig, Butter, Schafe und Käse zu David und zum Volk, das bei ihm war zum Essen.

2. Samuel 17,27–29

Von Herzen schlemmen
zu Nehemia 8,10

Wenn Sie schon längst einmal wieder mit gutem Gewissen über die Stränge schlagen wollten, dann ist dieses Rezept vielleicht genau das richtige: Schoko-Bananen-Torte zu Nehemia 8,10: »Esst fette Speisen und trinkt süße Getränke … Und seid nicht bekümmert; denn die Freude am HERRN ist eure Stärke.«

Von Herzen schlemmen nach einer so freundlichen Einladung – wer könnte da widerstehen?

Die Menschen, die das damals zu biblischer Zeit hörten, mögen überrascht gewesen sein über eine solche Einladung. Kurz zuvor waren die Gesetze Gottes verlesen worden. Und offensichtlich war ihnen klargeworden, wie weit sie sich von diesen Geboten entfernt hatten, in welchen Dingen ihr Leben nicht mehr der göttlichen Ordnung entsprach. Trauer und Weinen waren die Folge dieser Erkenntnis.

In diese Situation hinein folgt die »Einladung«: Esst fette Speisen und trinkt süße Getränke. Weniger als Trost oder Mittel gegen Frust – »Wenn schon alles schiefläuft, dann lass uns wenigstens etwas Ordentliches essen!« –, sondern eher als Unterstreichen der positiven Grundaussage: Gottes Gesetz soll euch nicht traurig machen, Gottes Gesetz soll euch nicht frustrieren und aufzeigen, was ihr alles falsch macht. Nein, Gottes Gesetz ist ein Grund zur Freude! Es ordnet das Leben hin zum Guten, es ermöglicht menschliches Miteinander. Und es ist ein Zeichen dafür, dass das Was und Wie dieses Miteinanders Gott nicht egal ist.

Die Freude am HERRN ist eure Stärke – was für ein schöner Ausgangspunkt. Dass Gott etwas von uns erwartet, dass er uns Gesetze und Gebote gibt, hat seinen Grund in etwas Gutem.

Damit werden die Herausforderungen, vor denen Menschen damals standen, und vor denen wir Menschen heute stehen, zwar nicht unbedingt kleiner, aber es hilft, sich ihnen zu stellen, wenn Freude und Zufriedenheit die Grundlage von Gesetzen und Geboten bilden.

»Esst fette Speisen und trinkt süße Getränke …« – was auch immer Ihr Herz höherschlagen lässt – Schoko-Bananen-Torte oder etwas anderes –, lassen Sie es sich schmecken! Und lassen Sie sich zu Gutem ermutigen, denn »die Freude am HERRN ist eure Stärke«.

Schoko-Bananen-Torte

Schoko-Bananen-Torte

SIE BRAUCHEN

Für den Biskuit-Boden
- 6 Eier
- 150 g Zucker
- 75 g Speisestärke
- 70 g Mehl
- 1 Pk. Backpulver
- 75 g Backkakao
- 3 EL Wasser

Für die Füllung
- 800 ml Schlagsahne
- 4 Pk. Vanillezucker
- 5 Pk. Sahnesteif
- 4 Bananen
- 1 Kuvertüre
- 6 EL Kakaopulver (kakaohaltiges Milchgetränk)

12 Portionen
Zubereitungszeit: ca. 40 Minuten plus Backzeit

ZUBEREITUNG

Die Eier trennen. Die Eiweiße mit 75 g Zucker mit dem Mixer steifschlagen. Die Eigelbe mit 3 EL warmem Wasser und 75 g Zucker ca. 10 Minuten in einer Küchenmaschine oder mit dem Mixer aufschlagen. Die Masse sollte sich dann verdoppelt haben. Stärke, Backkakao, Mehl und Backpulver gut mischen und mit der Eigelbmasse vermengen. Danach das Eiweiß unterheben.

Den Boden einer Springform mit Backpapier auslegen. Den Rand nicht einfetten. Den Teig hineingeben und im vorgeheizten Backofen bei 200–220 °C Umluft ca. 30 Minuten backen. Zwischendurch Stäbchenprobe machen. Wenn kein Krümel mehr am Stäbchen hängen bleibt, den Boden nach dem Backen zum Auskühlen auf ein Backgitter stürzen.

Nach dem Auskühlen den Boden mit einem großen Messer in drei gleichmäßige Schichten schneiden. Den unteren Boden wieder in die gereinigte Backform legen. Die Kuvertüre schmelzen, den Boden damit bestreichen und anschließend auskühlen lassen.

Nun die Sahne, Vanillezucker und das Sahnesteif mit dem Mixer steifschlagen. Ca. 4 EL der fertigen Sahne (zum Bestreichen des Tortendeckels) abnehmen. Das Kakaogetränkepulver zu der restlichen Sahnemasse geben und mit dem Mixer noch einmal durchrühren.

⅓ der Kakao-Sahne auf dem ausgekühlten Kuvertüre-Boden verteilen. Die Bananen der Länge nach halbieren und auf die Sahnemasse geben. Ein weiteres Drittel der Sahnemasse auf die Bananen geben und den mittleren Boden draufsetzen. Nun das restliche Drittel der Sahnemasse auf dem zweiten Boden verstreichen und mit dem Tortendeckel abdecken.

Zum Schluss die letzte Portion Sahne auf dem Tortendeckel verstreichen und mit Kakao bestäuben.

Esst fette Speisen und trinkt süße Getränke ... Und seid nicht bekümmert; denn die Freude am Herrn ist eure Stärke.

Nehemia 8,10

Kompromisse für die gute Stimmung
zu Sprüche 15,17

»Besser ein Gericht Kraut mit Liebe als ein gemästeter Ochse mit Hass« (Sprüche 15,17). Die Erfahrung, die hinter diesem Spruch steckt, mag so manch einer schon selbst gemacht haben. Wenn es zum Beispiel kurz vor dem Essen noch Streit gibt, weil jemand das Gefühl hat: »Wieder mal ist alle Arbeit an mir hängengeblieben, obwohl es doch anders verabredet war.« Und dann fällt noch eine unbedachte Bemerkung …

Oder wenn ein Kind motzt, weil es »wieder etwas gibt, das ich nicht mag«. Es mag dann zwar nicht gleich Hass im Spiel sein, aber ich merke dann: Mit guter Stimmung und ohne Streit hätte das Essen besser geschmeckt.

Aber auch die positive Erfahrung, die sich hinter dem Spruch verbirgt, kenne ich: Besser ein Tiefkühlkuchen und entspannte Gastgeber als die selbstgebackene Torte und angespannte Nerven, wenn der Besuch kommt.

Vielleicht muss man manchmal Kompromisse eingehen. Vielleicht tut es manch einer auf die eine oder andere Weise beim Essen, vielleicht auch in anderen Lebensbereichen: Besser eine halbe Stelle mit Zufriedenheit als ein volles Gehalt und das Gefühl, zu erschöpft zu sein für alles andere.

Besser drei Tage Urlaub am Traumort als eine Woche dort, wo mich nichts berührt. Oder vielleicht stimmt es für Sie gerade umgekehrt? Weil erst nach längerer Zeit Erholung eintreten kann? Da sind die Empfindungen sicherlich unterschiedlich.

Umso wichtiger, dass sich der Spruch aus der Bibel für jeden individuell mit Leben füllt – im Original ist er erstmal ja auch nur für Menschen stimmig, die überzeugte Fleischesser sind und für die ein Gemüsegericht ein Kompromiss ist.

Doch die Grundaussage des Spruchs, Dinge besser mit Liebe als mit Hass zu tun, gilt, denke ich, in vielen Lebensbereichen. Und ich glaube, es ist gut, wenn man bei Kompromissen, die hier und da nötig sind, die gute Stimmung und das eigene Wohlbefinden, die für mich auch hinter dem Begriff »Liebe« stecken, als wichtigen Maßstab ernst nimmt. Als wichtigen Maßstab – oder als den wichtigsten.

Achten Sie doch einmal darauf, wo sie ihn auf die eine oder andere Art schon befolgen, den Spruch: »Besser ein Gericht Kraut mit Liebe als ein gemästeter Ochse mit Hass.«

Gemüsecurry auf Couscous

Gemüsecurry auf Couscous

SIE BRAUCHEN

- 5-6 Möhren
- 1 Zucchini
- 1 kleiner Broccoli
- 3-4 Hände Blattspinat
- 1 TL grüne Currypaste
- 1 TL gelbe Currypaste
- 800 ml Kokosmilch
- Salz, Pfeffer
- Sonnenblumenöl
- 200 g gesalzene Cashewnüsse
- 800-1000 g Couscous

4 Portionen
Zubereitungszeit: ca. 25 Minuten

ZUBEREITUNG

Die Möhren schälen, waschen und in ca. 0,5 cm dicke Scheiben schneiden. Die Zucchini der Länge nach halbieren und auch in 0,5 cm dicke Stücke schneiden. Den Broccoli in kleine Röschen zerteilen. Möhren, Zucchini und Broccoli in einem Topf mit etwas Öl andünsten. Die beiden Currypasten zu dem Gemüse geben und alles gut vermengen. Die Kokosmilch zufügen und das Gemüse so lange in der Kokosmilch kochen, bis es bissfest ist.

Spinat waschen, abtropfen lassen und zum Gemüse geben.
Für 2-3 Minuten mitkochen.

Mit Salz und Pfeffer abschmecken. In eine Schüssel geben und die Cashewnüsse über das Curry geben.

Den Couscous nach Anleitung zubereiten und zu dem Gemüsecurry servieren.

*Besser
ein Gericht
Kraut mit Liebe
als ein
gemästeter
Ochse mit Hass.*

Sprüche 15,17

Erquickt mich mit Traubenkuchen, labt mich mit Äpfeln; denn ich bin krank vor Liebe.

Hoheslied 2,5

Traubenkuchen mit Mandelstiften und Hagelzucker

Krank vor Liebe
zu Hoheslied 2,5

Krank vor Liebe – mit der Formulierung ist dieses kurze Stück Bibel überschrieben, an das der Traubenkuchen anknüpft, denn im Hohenlied heißt es im zweiten Kapitel: »Erquickt mich mit Traubenkuchen, labt mich mit Äpfeln; denn ich bin krank vor Liebe.«

»Krank vor Liebe«, hinter dieser Formulierung hätte ich eher Liebeskummer vermutet als das, was hier beschrieben wird: ein liebevolles, sehnsuchtsvolles Miteinander zweier Menschen, gipfelnd in dem Satz: »Ich beschwöre euch, … dass ihr die Liebe nicht aufweckt noch stört, bis es ihr selbst gefällt« (Hoheslied 2,7).

Keine Spur von Kummer bei der Diagnose »krank vor Liebe« – aber warum dann »krank« vor Liebe? Vielleicht weil beides in der Regel ungefragt kommt, Krankheit und Liebe. Weil beides mich unterbricht und meinen Alltag auf den Kopf stellt. Weil beides mich nicht so recht mich selbst sein lässt – nur dass Krankheit das alles eher auf unangenehme Weise mit sich bringt, die Liebe im Idealfall auf angenehme Art und Weise.

Wie oft und von welchen Dingen lasse ich mich eigentlich noch so auf den Kopf stellen? Schafft es eine Krankheit, mich ganz vom Computer wegzuholen, auch die Mails nicht mehr zur Kenntnis zu nehmen, das Handy beiseite zu legen und nicht für meine Vertretung zu sorgen?

Und – eigentlich noch viel relevanter – schafft es die Liebe? Die Liebe zu einem anderen Menschen, zu einer Sache, zu mir selbst, zu Gott? Wann schafft es die Liebe und wie schafft es die Liebe?

Trauben und Äpfel reicht der Liebende seiner Geliebten im Hohenlied zur Stärkung. Vielleicht lohnt es sich, bei stärkendem Traubenkuchen darüber nachzudenken: Was sind Dinge, die meine Liebe stärken, dass sie nicht gestört ist, bis es ihr selbst gefällt? Manchmal ist es Zeit oder ein freundlicher Blick, ein gemeinsames Lachen. Begeisterung, kreatives Chaos oder Ruhe. Manchmal ist es eher die Einsamkeit, manchmal Trubel um mich herum. Aber vor allem ist es dies: dass ich der Liebe den Platz in meinem Leben einräume, der ihr gebührt – der Liebe zu anderen Menschen, zu einer Sache, zu mir selbst, zu Gott.

SIE BRAUCHEN

Für den Teig
- 3 Eier
- 1 Tasse Sonnenblumenöl
- 2 Tassen Zucker
- 4 Tassen Mehl
- ½ Pk. Backpulver
- 1 Tasse Mineralwasser (spritzig oder medium)

Für den Belag
- 100 g gestiftete Mandeln
- 500 g kernlose Trauben
- etwas Hagelzucker

12 Portionen
Zubereitungszeit: ca. 15 Minuten
plus Backzeit

ZUBEREITUNG

Eier, Öl, Zucker, Mehl, Backpulver und das Mineralwasser mit einer Küchenmaschine oder einem Handrührer zu einem Teig verrühren und auf ein mit Backpapier ausgelegtes Blech verteilen.

Die Trauben gut waschen und auf dem Teig verteilen. Zum Schluss noch die Mandelstifte und den Hagelzucker über den Kuchen streuen und im vorgeheizten Backofen bei 180 °C Umluft ca. 40 Minuten backen.

Traubenkuchen mit Mandelstiften und Hagelzucker

Auch drischt man den Dill nicht mit Dreschschlitten und lässt auch nicht die Walze über den Kümmel gehen, sondern den Dill schlägt man aus mit einem Stabe und den Kümmel mit einem Stecken.

Jesaja 28,27

Gefüllte Teigtaschen mit Gurkensalat

Das Gute soll zum Vorschein kommen
zu Jesaja 28,23–29

Zurzeit helfe ich einem unserer Kinder jeden Tag bei den Hausaufgaben. Eine halbe Stunde extra Aufmerksamkeit. Die anderen beiden brauchen das gerade nicht, die erledigen ihren Kram allein. »Wie unfair!«, höre ich manchmal. Und natürlich ist das an dieser Stelle keine faire Verteilung der Zeit für meine Kinder. Aber im Augenblick braucht das eine Kind das – wahrscheinlich kommen wieder andere Tage, da ist's ein anderes.

Kein Bauer käme auf die Idee, Dill oder Kümmel wie Weizen zu behandeln, sagt Jesaja, der Prophet. Wahrscheinlich reagiert er damit auf seine Kritiker, die bei seiner Verkündigung mangelnde Konsequenz sahen. Die Gewürze gingen kaputt, wenn man sie wie Getreide drischt. Ist doch logisch! Also, es lohnt sich, genau hinzuschauen: Was habe ich da eigentlich vor mir – Getreide oder Gewürz? Und wie muss ich das behandeln, dass es seinen vollen Geschmack entwickeln kann?

Eine »Gleichbehandlung« mag einem zwar fair vorkommen, sie kann aber je nach Situation trotzdem falsch sein, wenn man aus dem Blick verliert, wer eigentlich was braucht. Und auch, wer welche Voraussetzungen mitbringt.

Gefüllte Teigtaschen mit Gurkensalat

Das hat durchaus etwas Entlastendes, finde ich. So muss ich vielleicht auch nicht von meinem Vater erwarten, dass er die gleiche Mitarbeit im Haushalt leistet wie mein Mann – und freue mich, wenn er immerhin einen Teller zur Spülmaschine trägt. Denn ich weiß: Die beiden sind diesbezüglich einfach sehr unterschiedlich geprägt.

Aber ich merke, es steckt auch eine Gefahr hinter diesem Messen mit zweierlei Maß. Denn wer setzt hier eigentlich die Maßstäbe? Wer sagt, was richtig und was falsch ist? Wer legt fest, was wem am besten tut?

In Bezug auf Getreide, Kümmel und Dill ist klar: Die sollen so behandelt werden, dass sie sich voll entfalten können. Und sie sollen als Nahrungsmittel nicht zerstört werden, indem man sie falsch behandelt. Und Jesaja sagt: Gott gibt Rat, wie das gelingen kann.

Ein schöner Gedanke, auch in Bezug auf unser menschliches Miteinander: Dass das Gute zum Vorschein kommen soll, ist der richtige Maßstab, dass Menschen einander so behandeln, dass nichts kaputtgeht. Und Gott gibt Rat, wie das gelingen kann.

Achten Sie mal darauf, wo das gelingt: dass Sie Menschen zwar unterschiedlich behandeln, aber mit dem guten Ziel, ihr Bestes zum Vorschein zu bringen – vielleicht sogar mit Gottes Rat.

SIE BRAUCHEN

Für die Füllung
- 500 g Hackfleisch (Rind)
- 2 Tomaten
- ½ TL getrocknete Minze
- 1 Zwiebel
- Salz, Pfeffer, 1 Prise Zucker
- Sonnenblumenöl

Für die Teigtaschen
- 500 g Mehl
- 1 Würfel Hefe
- 150 ml warme Milch
- 150 ml Sonnenblumenöl
- 70 ml warmes Wasser
- 1 Eiweiß
- 125 g Quark
- ½ EL Zucker
- 1 EL Salz
- 1 Eigelb zum Bestreichen

4 Portionen
Zubereitungszeit: ca. 40 Minuten
plus 65 Minuten Ruhe- und Backzeit

ZUBEREITUNG

Die Tomaten in kleine Würfel schneiden. Die Zwiebeln ebenfalls in feine Würfel schneiden und in etwas Öl anschwitzen. Das Hackfleisch zu den Zwiebeln geben und krümelig anbraten. Die Tomaten zum Hackfleisch geben und alles zusammen gut durchbraten. Die Minze und den Zucker hinzufügen und mit Salz und Pfeffer abschmecken. Die Fleischmasse zum Abkühlen in eine Schüssel geben.

Für die Teigtaschen alle Zutaten in eine Schüssel geben und zu einem Teig verkneten. Abdecken und an einem warmen Ort ca. 45 Minuten gehen lassen.

Nach dem Gehen den Teig in ungefähr handgroße Bälle portionieren. Die Bälle zu einem Fladen ausrollen. Auf eine Seite des Fladens ca. 2–3 EL der Füllung geben. Den Fladen zuklappen, die Ränder gut andrücken und auf ein mit Backpapier ausgelegtes Backblech geben. Wenn alle Fladen fertig gefüllt und verschlossen sind, das Eigelb mit 2 EL Öl verquirlen und damit die Fladen einpinseln.

Auf ein mit Backpapier ausgelegtes Blech geben und im vorgeheizten Backofen ca. 20 Minuten bei 180 °C Umluft backen.

Gefüllte Teigtaschen

Gurkensalat

SIE BRAUCHEN

- 1 Salatgurke
- 1 Zwiebel
- 250 g Naturjoghurt (3,5 % Fett)
- 2–3 EL Essig
- 2 EL Remoulade
- 1 Bund Dill
- Salz, Pfeffer, Zucker

4 Portionen
Zubereitungszeit: ca. 20 Minuten

ZUBEREITUNG

Die Gurke schälen, in Scheiben schneiden und zum Abtropfen in ein Sieb legen. Die Zwiebel in feine Würfel schneiden. Den Dill fein hacken und mit dem Essig, der Remoulade und dem Joghurt vermischen. Die Gurke und die gewürfelte Zwiebel in das Dressing geben. Alles gut durchmengen und mit Salz, Pfeffer und Zucker abschmecken.

Versuch's doch!
zu Daniel 1

»Versuch's doch«, rät Daniel seinem Vorgesetzten, »gib meinen Leuten zehn Tage nur Gemüse zu essen und Wasser zu trinken und vergleich sie anschließend mit den Leuten, die von den Speisen des Königs essen«, so lautet der »Versuchsaufbau«, der im Buch Daniel beschrieben ist. Nach zehn Tagen sahen die Gemüseesser »schöner und kräftiger aus als alle jungen Leute, die von des Königs Speise aßen« (Daniel 1,15).

»Wusst ich's doch!«, mag so mancher überzeugte Pflanzenesser jetzt denken. »Wart mal ab, zehn Tage kann jeder«, vielleicht eine Skeptikerin der vegetarischen oder veganen Ernährung. Und ich weiß noch nicht, auf welche Seite ich mich da stellen möchte bei der Frage: Nur noch Gemüse und Wasser oder nicht?

Aber eines gefällt mir gut an dieser Erzählung, nämlich das »Versuch's doch« des Daniel. Probier's doch aus, und dann achte darauf, ob es dir guttut oder nicht! Für viele Lebenslagen ist das sicherlich ein guter Rat: Versuch's doch! Denk nicht so viel nach, ob die eine Theorie richtig ist oder die andere. Probier's doch aus, und dann guck, wie es dir damit geht! Ob zuckerfreie Ernährung den Heißhunger auf Süßigkeiten schwinden lässt, ob der Verzicht auf Fernsehen mich abends ruhiger einschlafen lässt, ob ein innerliches Bis-drei-Zählen vor der Antwort mich weniger impulsiv werden lässt … Versuch's doch!

Und dann gucken wir, wie's nach zehn Tagen ist. Zehn Tage, das kann man schaffen. Vielleicht fällt Ihnen etwas ein, was Sie versuchen wollen? Versuchen Sie's doch!

Was Daniel allerdings mit seinem Versuch heimlich, still und leise auch erreicht, ist, dass er nicht gegen seine Überzeugungen und seine Religion handeln muss. Als Mundschenk des babylonischen Königs macht er diesen Vorschlag, damit er nicht Speisen essen muss, die seine Religion nicht erlaubt.

Wie geschickt! Auch, sich damit Debatten und Diskussionen zu ersparen, die wahrscheinlich schnell kränkend geworden wären: Ist deine Lebensweise richtig oder meine?

Der Versuch Daniels ist in diesem Zusammenhang heimlich, still und leise also auch ein Plädoyer für ein friedliches Nebeneinander verschiedener Religionen, Lebensweisen oder Überzeugungen – und allein dafür lohnt sich sein Versuch auf jeden Fall.

Gemüsesuppe

SIE BRAUCHEN

- 1 Zwiebel
- 1 Stange Porree
- 3 mittelgroße Kartoffeln
- 4 Möhren
- 2 rote Paprika
- 2 Knoblauchzehen
- etwas Sonnenblumenöl zum Braten
- 1 l Kokosmilch
- Salz, Pfeffer
- Currypulver

4 Portionen
Zubereitungszeit: ca. 20 Minuten

Gemüsesuppe

ZUBEREITUNG

Zwiebel schälen und in grobe Würfel schneiden. Die äußeren Blätter vom Porree wegnehmen und von den dunklen Blättern ca. 10–15 cm wegschneiden. Den restlichen Porree gut waschen und in Ringe schneiden. Die Kartoffeln und die Möhren schälen und in grobe Stücke schneiden. Die Paprika würfeln und den Knoblauch pressen.

Das Gemüse in einem Topf mit Öl gut anschmoren. Kokosmilch hinzugeben und das Gemüse in der Kokosmilch ca. 35–40 Minuten weichkochen.

Mit einem Pürierstab alles gut pürieren. Mit Salz, Pfeffer und Curry abschmecken.

Versuch's doch mit deinen Knechten zehn Tage und lass uns Gemüse zu essen und Wasser zu trinken geben.

Daniel 1,12

Gibt's nur Brot?
zu Matthäus 6,9–13

»Gibt's nur Brot?«, so jammert mal wieder eins unserer Kinder, und ich höre mich antworten: »Ja sicher, die Mahlzeit heißt ja schließlich Abendbrot.« Und ich denke mir: Was heißt hier »nur«? Obwohl ich zugeben muss, dass auch ich mich zuweilen über Reste vom Mittagessen beim Abendbrot freue, wenn es nicht »nur« Brot gibt. »Unser tägliches Brot« ist in unserer Familie fast schon etwas zu alltäglich geworden.

Anders allerdings, wenn kein Brot mehr da ist – was dann bloß morgens in die Schultasche packen? Darf die Freundin abends mitessen? Nur, wenn genug Brot da ist. Alles andere findet sich, aber Brot muss da sein.

Vielleicht ist das mit vielen Dingen so, dass erst auffällt, was man an ihnen hat, wenn sie fehlen. Vielleicht ist das gerade mit den alltäglichen und selbstverständlichen Dingen so: Erst wenn die Luft stinkt, weiß ich frische Luft wieder zu schätzen. Oder wenn keiner zu Hause ist, merke ich, dass mir die allmorgendliche, routinierte Frage »Hast du gut geschlafen?« fehlt.

»Unser tägliches Brot gib uns heute« beten wir im Vaterunser. Das haben Menschen zu allen Zeiten gebetet: In Zeiten des Hungers und in Zeiten des Überflusses. Auch wenn sich die Bitte um das »täglich Brot« zu anderen Zeiten bestimmt anders mit Leben und Dringlichkeit gefüllt hat, ist sie heute dennoch nicht überflüssig oder überholt, finde ich. Das »tägliche Brot« kann uns, gerade wenn es selbstverständlich ist, noch einmal vor Augen halten, wie gut es uns geht. Wie beschenkt wir sind, wie gut versorgt. Und die Bitte öffnet vielleicht über das Brot hinaus den Blick auf die Dinge, die mir täglich guttun – und die ich durch ihre Alltäglichkeit leicht übersehe.

Die unselige, familiäre Diskussion, ob es heute »nur« Brot gibt oder nicht, endet deswegen häufig in einem liebgewonnenen Ausspruch als Auftakt zum Abendbrot: Einer sagt: »Ach, was geht es uns gut!« Und alle antworten: »Gott sei Dank!«

Wenn auch bei Ihnen das »tägliche Brot« etwas zu sehr alltäglich geworden ist, tut ein besonderes Brotrezept bestimmt gut – denn was heißt hier »nur« Brot?!

Focaccia

Focaccia

SIE BRAUCHEN

- 450 g Mehl
- 450 ml lauwarmes Wasser
- 1 TL Salz
- 1 Prise Zucker
- 2 Pk. Trockenhefe
- etwas getrockneten Rosmarin oder Oregano
- 4 EL Olivenöl

4 Portionen
Zubereitungszeit: ca. 15 Minuten plus Backzeit

ZUBEREITUNG

Alle Zutaten zu einem glatten Teig mit einem Handrührer verrühren und diesen abgedeckt in einer großen Schüssel an einem warmen, nicht zugigen Ort 30 Minuten gehen lassen. Anschließend den Teig vorsichtig in eine Springform geben. Dabei den Teig so wenig wie möglich kneten, damit die Luftblasen im Teig bleiben. Anschließend den Teig nochmals abdecken und 30–40 Minuten gehen lassen.

Nun werden kleine Kuhlen in den Teig gedrückt. Getrockneten Rosmarin oder Oregano in die Kuhlen geben und mit Olivenöl beträufeln.

Im vorgeheizten Backofen bei 200 °C Umluft ca. 25 Minuten goldgelb backen. Aus der Form nehmen und auf einem Backgitter auskühlen lassen.

Unser tägliches Brot gib uns heute.

Matthäus 6,11

Sie sprachen zu ihm: Wir haben hier nichts als fünf Brote und zwei Fische. Und er sprach: Bringt sie mir her!

Matthäus 14,17–18

Fingerfood mit Forelle

Fünf Brote und zwei Fische
zu Matthäus 14,13–21

Theorien über gesunde und ausgewogene Ernährung gibt es viele. Und viele Dinge in diesen Theorien lassen sich in Zahlen ausdrücken: Wie viel Prozent des täglichen Bedarfs an Vitamin C steckt in 100 Gramm von diesem oder jenem Brotaufstrich? Kompliziert, sich daran zu orientieren bei der Zusammenstellung seiner Mahlzeiten. Einfacher vielleicht die Angabe der Kalorien – aber die zu zählen und zu berechnen, nimmt dem Essen auch viel an Gemütlichkeit und Unbeschwertheit.

Die Frage nach dem Bedarf bestimmter Nährstoffe und dem Verhältnis der Inhaltsstoffe beantwortet für meinen Geschmack auch nur unzureichend die Frage: Was brauche ich, um satt zu werden? Satt und zufrieden? Sich bei dieser Frage an Zahlen zu orientieren, verkürzt meines Erachtens die Bedeutung des Essens auf ausschließliche Nahrungsaufnahme und verliert wichtige andere Komponenten aus dem Blick.

Was brauche ich, um satt zu werden, satt und zufrieden? Für mich gehört zum Essen auch eine gewisse Atmosphäre, ein gedeckter Tisch, eine nette Gesellschaft. Es braucht Ruhe und Zeit, um das Essen genießen zu können. Um satt und zufrieden zu werden, braucht es mehr als sich in Zahlen ausdrücken lässt.

»Und sie aßen alle und wurden satt.« Fünftausend Menschen hatten sich um Jesus geschart, um ihm zuzuhören. Fünf Brote und zwei Fische teilten die Jünger unter den Menschen aus. Und alle aßen und alle wurden satt.

Ich glaube, auch diese Erzählung verdeutlicht: Es geht nicht um Zahlen bei diesem Essen, denn wie könnte das gehen? Und dass es nicht um Zahlen geht, unterstreicht eine vierte Zahl neben den Fünftausend, den fünf Broten und den zwei Fischen: Zwölf Körbe voll Krümel sammeln die Jünger nach dem Essen ein, also eine Menge, die das Volumen von fünf Broten bei weitem übersteigt.

Was mag hier dazu beigetragen haben, dass die Menschen satt werden? Vielleicht, dass sich überhaupt jemand um ihre alltäglichen Bedürfnisse sorgt – und dabei sieht und spürt, dass es mehr braucht als Nahrung für den Leib. Vielleicht, dass das bisschen, was da ist, geteilt wird – und ich so nicht mehr nur um mich selber kreise, sondern den anderen im Blick behalte. Vielleicht, dass kein Streit aufkam, kein Tumult, als es an das Verteilen ging, weil das Vertrauen »es wird schon reichen« eine gute Grundlage für das Zusammensein war.

Fünf Brote, zwei Fische, fünftausend Menschen werden satt. Satt und zufrieden. Wie wunderbar, dass sich nicht immer alles berechnen lässt und berechnen lassen muss.

SIE BRAUCHEN

- 1 Rolle Pumpernickelscheiben
- 125 g Quark
- 125 g Frischkäse Natur
- 1 TL Sahnemeerrettich
- Salz, Pfeffer
- 2 frische Forellenfilets (geräuchert)

4 Portionen
Zubereitungszeit: ca. 15 Minuten

ZUBEREITUNG

Quark, Frischkäse und Sahnemeerrettich gut verrühren und mit Salz und Pfeffer abschmecken. Die Masse in einen Spitzbeutel geben. Hierfür können Sie einen normalen Plastik-Frühstücksbeutel nehmen und eine Spitze abschneiden. Es gibt aber auch spezielle Spritzbeutel mit aufzusetzenden Tüllen – das geht beides. Die Spitze des Spritzbeutels abschneiden und kleine Häufchen auf die Pumpernickelscheiben setzen.

Die Forellenfilets von der Haut befreien, in Stücke schneiden und auf die Käsecreme legen.

Fingerfood mit Forelle

Am gemästeten Kalb scheiden sich die Geister

zu Lukas 15,11–32

Am gemästeten Kalb entbrennen Gefühle. Verschiedenste Gefühle. Angst und Scham bei dem einen Sohn, unbändige Freude bei dem Vater, Neid und Missgunst bei dem anderen Sohn.

Vieles geht dem gemästeten Kalb voran, ein halbes Leben, ein »Lebewohl, ich mach's auf meine Art«, als sich der jüngere Sohn, der später oft der »verlorene Sohn« genannt wird, auf den Weg macht. Ein gescheiterter Weg, ein Zurückkommen. Und die Freude des Vaters, der ein Fest gibt, das Kalb schlachten lässt und jubelt, dass eben dieser Sohn zurückgekommen ist. Dass dieser Sohn, den es in die Ferne zog, den Weg zurück in die Heimat fand.

Dass der Weggang des Sohnes nicht auf Gegenliebe beim Vater gestoßen war, lässt sich ahnen: »Dieser Sohn war tot«, sagt der Vater. Umso erstaunlicher, dass er ihn mit offenen Armen wieder empfängt: »Dieser Sohn war tot und ist wieder lebendig geworden.«

Wahrscheinlich ist dieser Ausgang der Geschichte die schönere Variante für beide Beteiligten. Wahrscheinlich tut es auch dem Vater gut, den Groll über den Sohn, der in die Ferne zog, hinter sich zu lassen. Weil so etwas Neues wachsen kann. Und keine Energie mehr verlorengehen muss, über Dinge der Vergangenheit nachzusinnen, die sich nicht mehr ändern lassen.

Schön, wenn das gelingen kann. Wenn Dinge ruhen können und der Blick nach vorn gehen kann, auf das, was noch gestaltet werden will, und weniger auf das, was anders hätte laufen sollen.

Dass das nicht immer so einfach gelingt, dafür steht in dieser Geschichte der zweite Sohn. Der, der nicht so recht feiern will, der neidisch ist.

Vielleicht gehen die eigenen Lebensgeschichten und Zusammenhänge nicht immer so glatt auf: Auf der einen Seite derjenige, der mit offenen Armen empfängt, auf der anderen Seite derjenige, der nachtragend ist. Manchmal werden diese beiden, Vater und »Sohn zwei«, quasi zu zwei Herzen in einer Brust. Oft trägt man die widersprüchlichen Positionen beide in sich selbst, fühlt sich hin- und hergerissen zwischen Ärger über Vergangenes und Zuversicht für Kommendes.

Dennoch glaube ich, die Variante des Vaters ist diejenige, die nicht nur dem Wiederkehrenden, sondern auch einem selbst guttut. Der Blick nach vorn tut gut. Der Blick nach vorn, der das Vergangene nicht vergisst, aber verzeiht. Und mir tut es gut zu ahnen, dass Gott mit uns wie dieser Vater den Blick nach vorn wagt.

Kalbsgulasch mit Nudeln

Kalbsgulasch mit Nudeln

SIE BRAUCHEN

Für das Gulasch
- 500 g Kalbsgulasch (aus der Keule)
- 4 Zwiebeln
- etwas Sonnenblumenöl
- ½ l Kalbsfond (aus dem Glas)
- 1 Dose gehackte Tomaten
- Salz, Pfeffer
- Paprika (scharf)
- 3–4 EL Mehl
- etwas Wasser

Für die Nudeln
- 4 Eigelbe
- 1 Ei
- 3 EL Olivenöl
- Salz
- 450 g Mehl

4 Portionen
Zubereitungszeit: ca. 60 Minuten

ZUBEREITUNG

GULASCH

Das Fleisch waschen und trocknen. Dann portionsweise schnell und heiß anbraten, damit möglichst wenig Fleischsaft austritt. Fertige Portionen herausnehmen und erstmal beiseitestellen. Mit Salz, Pfeffer und etwas Paprikapulver würzen.

Die Zwiebel halbieren, in Streifen schneiden und im Bratfett des Fleisches anbraten. Wenn sich auf dem Topfboden ein schöner Ansatz gebildet hat, etwas Wasser (4–5 EL) in den Topf geben, Ansatz lösen und auf den nächsten Ansatz warten. Nun die Dosentomaten in den Topf geben und damit den Ansatz vom Boden lösen. Den Kalbsfond und das Fleisch dazugeben und bei geringer Wärmezufuhr 90 Minuten mit geschlossenem Deckel langsam schmoren lassen.

Wenn das Fleisch weich ist, 3–4 EL Mehl in eine Tasse geben und das Mehl mit kaltem Wasser glattrühren. Die Mehlmischung in das Gulasch einrühren und unter Rühren aufkochen lassen.

NUDELN

Das Mehl auf die Arbeitsfläche geben und in die Mitte eine Mulde drücken. Die Eigelbe und das Ei in die Mulde geben, Salz und Öl hinzufügen. Die Zutaten in der Mulde verrühren und nach und nach das Mehl vom Rand mit einarbeiten. So lange kneten, bis der Teig eine glänzende Oberfläche hat und nicht mehr klebt. Den Teig zu einer Kugel formen, in Folie einwickeln und bei Zimmertemperatur gehen lassen.

Nach ca. 30 Minuten den Teig aus der Folie nehmen und auf eine bemehlte Arbeitsfläche legen. Die Kugel mit der Hand flachdrücken und dann mit einem Nudelholz von der Mitte nach außen zu einem dünnen Teig ausrollen.

Den ausgerollten Teig nun in 0,5–1 cm dicke Streifen schneiden. Die Streifen mit etwas Mehl bestäuben. Kurz antrocknen lassen und danach in kochendes Salzwasser geben und 3–5 Minuten al dente kochen. Die Nudeln abgießen und gut abtropfen lassen. Danach etwas Butter unter die Nudeln geben und gut durchmengen.

Und bringt das gemästete Kalb und schlachtet's; lasst uns essen und fröhlich sein!

Lukas 15,23

Für spontane Gäste
zu Lukas 19,1–10

Sehen und gesehen werden – so manches Promi-Treffen, so manches Ereignis auf dem roten Teppich steht unter dieser Überschrift. Sehen und gesehen werden – wo da wohl für die meisten der Schwerpunkt liegt? Vielleicht: je berühmter, desto mehr »gesehen werden«? Das könnte man zumindest vermuten, bei den Volksmengen, die zusammenkommen, wenn eine »sehenswerte« Persönlichkeit sich sichtbar macht. Und je mehr Menschen kommen, desto schwieriger ist ja auch für den, der gesehen werden will, selber zu sehen. Den Einzelnen zu sehen.

Sehen und gesehen werden. Zwischen diesen beiden Polen bewegt sich die Geschichte, an deren Ende ein spontaner Besuch steht.

Auch hier kommen Menschenmassen zusammen. Man mag Jesus schwerlich unterstellen, dass er um des Gesehen-Werdens nach Jericho gekommen ist, aber faktisch verhalten sich die Menschen offensichtlich wie Fans, die demjenigen an den Lippen hängen, von dem sie schon viel gehört haben. Die ihn unbedingt einmal selbst sehen und hören möchten. Und auch hier kann derjenige, der von vielen gesehen werden will, wahrscheinlich leicht den Überblick verlieren.

Pommes frites

Auch Zachäus möchte ihn sehen. Aber er, der kleiner als die anderen ist, und der wegen Betrügereien einen schweren Stand bei den Menschen hat, muss sich anders zu helfen wissen. Er steigt auf einen Baum. Ob er Jesus von hier aus sehen kann, wird nicht einmal erwähnt – da sieht Jesus ihn schon. »Zachäus, ich muss heute in deinem Haus einkehren«, spricht er ihn an.

Er sieht ihn, der dort sitzt, wo man seine »Fans« eigentlich nicht unbedingt vermuten sollte. Er sieht ihn, trotz der vielen, denen er vis-à-vis gegenübersteht, nach denen er sich nicht drehen und recken muss. Er sieht ihn – und offensichtlich sieht er in ihm mehr als »nur« den Zöllner, der die Menschen betrügt, der ein Gauner ist und nicht gesellschaftsfähig.

Wahrscheinlich essen sie zusammen. Was sie essen, bleibt unerwähnt. Vielleicht etwas Einfaches, etwas Schnelles. Kartoffeln sind doch eigentlich immer da.

Was sie essen, wissen wir nicht. Es ist nicht wichtig. Wichtig ist, dass hier jemand ist, der sehen wollte und gesehen wird.

Wie gut zu hören, dass da jemand ist, der genau hinsieht. Der sieht, was hinter der Fassade eines Zöllners ist. Der sich umschaut und um die Ecke blickt. Denn es tut gut, gesehen zu werden.

Pommes frites

SIE BRAUCHEN

- 5–6 große Kartoffeln
- Salz
- Paprikapulver
- Öl zum Frittieren
  (z. B. Sonnenblumenöl)

4 Portionen
Zubereitungszeit: ca. 50 Minuten

ZUBEREITUNG

Die Kartoffeln schälen, waschen und gut abtrocknen. Die trockenen Kartoffeln der Länge nach in ca. 1 cm dicke Scheiben schneiden. Nun die Scheiben (am Besten in der Breite) wieder in 1 cm dicke Stücke schneiden. Das Öl in der Fritteuse auf ca. 150 °C erhitzen. Nun die Pommes portionsweise in die Fritteuse geben und ca. 8–10 Minuten frittieren. Die Pommes müssen komplett mit Öl bedeckt sein.

Die Pommes nach dem Frittieren auf ein Küchenkrepp legen und abtropfen lassen.

Wenn alle Pommes einmal frittiert sind, die Temperatur der Fritteuse auf 180 °C erhöhen und die Pommes (wieder portionsweise) so lange in der Fritteuse lassen, bis sie schön knusprig sind.

Nun die fertigen Pommes zum Abtropfen wieder auf ein Küchenkrepp legen, kurz abtupfen und in eine Schüssel geben.

Aus Salz, Paprikapulver und etwas Currypulver eine Gewürzmischung herstellen und über die Pommes streuen.

*Zachäus,
steig eilend herunter;
denn ich muss
heute in deinem
Haus einkehren.*

Lukas 19,5

Wenn aus Alltäglichem etwas Besonderes wird

zu Lukas 24,36–48

Vor einigen Jahren bin ich an Ostern 200 Kilometer mit dem Auto gefahren, nur um mit meinem Vater zu sprechen. Wir hatten uns eigentlich nichts Besonderes zu sagen. Das Besondere war, dass er sprechen konnte. Nach einer Operation, nach Koma und Luftröhrenschnitt und nach Wochen des Wartens und Bangens konnte er – am Osterwochenende – wieder sprechen.

Nichts Besonderes haben wir gesprochen, aber dass wir miteinander sprechen konnten, etwas ganz Alltägliches, war auf einmal alles andere als alltäglich.

Zwei Freundinnen treffen sich, die sich schon seit dreißig Jahren kennen. Sie plaudern erst bei einer Tasse Kaffee zu Hause, dann gehen sie in ein Café und essen gemeinsam Kuchen. Wie geht's? Was war los in letzter Zeit? Ein bisschen Tratsch, ein bisschen Tiefgang, gerade die richtige Mischung. Alltäglich. Als hätten sie sich letzte Woche noch gesehen. Alltäglich – und doch etwas Besonderes. Denn der letzte Kontakt liegt über drei Jahre zurück. Und trotzdem ist es, als wäre es gestern gewesen.

Eine alltägliche Begegnung zwischen zwei Menschen, die sich schon so lange kennen, und trotzdem: etwas Besonderes.

»Habt ihr hier etwas zu essen?«, eine alltägliche Frage. Eine einfache Frage. Und natürlich ist etwas zu essen da! Hier, nimm, es ist noch etwas übrig von heute Mittag. Wie war dein Tag? Erzähl mal!

»Habt ihr hier etwas zu essen?«, fragt Jesus seine Jünger. Sie geben ihm Fisch. Auch soweit nichts Besonderes, schließlich sind einige seiner Jünger Fischer.

Einer hat Hunger, ein anderer gibt ihm von seinem Essen ab. Etwas ganz Alltägliches. Wäre da nicht der Zeitpunkt: Denn dieser Jesus, der seine Jünger nach etwas zu essen fragt, war tot. Dieser Jesus, dem sie den Fisch bereiten, ist der Auferstandene. Und so wird etwas ganz Alltägliches auf einmal alles andere als alltäglich. Jesus ist auferstanden, er ist wahrhaftig auferstanden. Das, was viele Christen heute als Bekenntnis und als Ostergruß sprechen, wird für die ersten Zeugen der Auferstehung erlebbar und anfassbar – in einer alltäglichen Geste, die zu etwas Besonderem wird.

Gesprochene Worte nach einer Zeit des langen Schweigens. Kaffeetrinken unter Freundinnen, wenn so viel passiert ist. Ein gemeinsames Essen, Lebendigkeit im Angesicht des Todes – nichts ist alltäglich, wenn das Leben siegt.

Salat mit Thunfisch und Ei

IMPULS

Salat mit Thunfisch und Ei

SIE BRAUCHEN

Für den Salat
- frischen, knackigen Salat (mit festeren Blättern, z. B. Lollo rosso, Lollo bionda oder Eichblattsalat)
- 250 g Cocktailtomaten
- 1 Gurke
- ca. zwei Hände voll Sojasprossen
- 1 Bund Radieschen
- 1 Karton Kresse

Für das Dressing
- 125 ml Sonnenblumenöl
- 125 ml Essig
- 125 ml Apfelsaft
- 1 EL Zucker
- Salz, Pfeffer

Für den Thunfisch
- 4 frische Thunfischsteaks
- Salz, Pfeffer
- etwas Sonnenblumenöl zum Braten

Für die pochierten Eier
- 4 Eier
- 2–3 l Wasser
- einen Schuss Essig

4 Portionen
Zubereitungszeit: ca. 40 Minuten

ZUBEREITUNG

Alle Zutaten für den Salat waschen und gut abtropfen lassen. Salat trocken schleudern und die Zutaten dekorativ auf den Tellern anrichten.

Für das Dressing werden Öl, Essig, Apfelsaft, Salz, Pfeffer und Zucker in eine Schüssel gegeben und mit einem Schneebesen so lange aufgeschlagen, bis alles gut vermischt ist. Das fertige Dressing über den Salat geben.

Die Thunfischsteaks werden je nach Dicke 2–4 Minuten von jeder Seite gebraten und erst nach dem Braten mit Salz gewürzt – besonders lecker ist es mit grobem Salz aus der Mühle.

Die Eier aufschlagen und einzeln in 4 Tassen geben. In einem großen Topf ca. 2 l ungesalzenes Wasser und 2–3 EL Essig zum Kochen bringen. Dann die Temperatur senken. Das Wasser darf nicht mehr kochen. Jetzt wird das Wasser mit einem Rührlöffel gut durchgerührt, bis ein Strudel in der Mitte entsteht.

Die Eier aus den Tassen nacheinander zügig in den Strudel gleiten lassen. Das Ei sieht im Topf zunächst etwas ausgefranst aus, doch nach 2–4 Minuten verfestigt es sich zu einem schön pochierten Ei. Jetzt können die Eier aus dem Wasser gefischt werden. Auf einem Küchenkrepp etwas abtupfen und auf die Thunfischsteaks geben.

Da sie es aber noch nicht glauben konnten vor Freude und sich verwunderten, sprach er zu ihnen: Habt ihr hier etwas zu essen? Und sie legten ihm ein Stück gebratenen Fisch vor.

Lukas 24,41–42

Wasser zu Wein

zu Johannes 2

Manchmal kann man geradezu zusehen, wie die Stimmung kippt. Ein unbedachtes Wort, eine unvorsichtige Bemerkung, und ich sehe, wie das Gesicht meines Gegenübers versteinert. Manchmal merke ich, wie meine Stimmung kippt: Der pöbelnde Radfahrer, der mich auch noch zu Unrecht beschimpft, auf der falschen Seite zu fahren, ist mir länger in Gedanken, als es angemessen wäre. Ich habe das Gefühl, wenn die Stimmung kippt, kippt sie eher von gut nach schlecht. Umgekehrt braucht es länger – mehr Zeit und oft etwas mehr Geduld. Schade eigentlich.

Manchmal kann man geradezu zusehen, wie die Stimmung kippt: Wenn bei einer Feier die Getränke ausgehen – eigentlich schon fast eine Katastrophe.

Bei der Hochzeit zu Kana sehen die Gäste, wie die Stimmung zu kippen droht: Der Wein geht aus. »Kannst du nicht etwas unternehmen?«, wird Jesus von seiner Mutter gefragt. Und er unternimmt etwas: aus dem Wasser, das in den Krügen bereitsteht, macht er Wein.

Weinschorle mit Minz-Eiswürfeln

Guten Wein, so guten Wein, dass der Speisemeister erstaunt bemerkt: »Normalerweise wird doch der gute Wein zuerst ausgegeben, und wenn die Gäste betrunken sind, reicht man schlechteren Wein.« Kein Wunder, dass dieses Wunder Jesu Wunder bewirkt – zumindest kann man das vermuten. Zumindest malt man es sich so aus, dass bei dieser Hochzeitsfeier die Stimmung, die zu kippen drohte, sich wieder entspannt und alle fröhlich weiterfeiern.

Wie wunderbar, wenn sich etwas zum Guten wendet. Für Jesus scheint es eine kleine Tat gewesen zu sein, dieses Wunder. Eine kleine Tat, um die er wenig Aufhebens zu machen scheint.

Und manchmal merke ich, wie kleine Taten auch meine Stimmung auf wundersame Weise in eine positive Richtung lenken: wenn sich jemand zum Beispiel unerwartet freundlich am Telefon meldet. Oder wenn der Tag mit Albernheiten beim Frühstück beginnt. Oder wenn der entgegenkommende Radfahrer statt zu pöbeln durch ein freundliches »Guten Morgen« darauf aufmerksam macht, dass ich beim Quatschen zu sehr auf seine Fahrbahnseite geraten bin.

Achten Sie doch einmal darauf, welche kleinen Wunder im Alltag Ihnen guttun.

IMPULS

Weinschorle mit Minz-Eiswürfeln

SIE BRAUCHEN

Für die Weinschorle
- Weiß- bzw. Roséwein
  (je nach persönlicher Vorliebe)
- Mineralwasser
  (spritzig oder medium)

Für die Eiswürfel
- frische Minze
- Wasser

Zubereitungszeit: ca. 5 Minuten

ZUBEREITUNG

WEINSCHORLE

Zu gleichen Teilen Wasser und Wein zusammenmischen, schon ist die Schorle fertig? Ein paar Tipps sind hilfreich: Nehmen Sie, wenn Sie nicht gerade extrem säureempfindlich sind, kein stilles Wasser, damit wirkt die Schorle sehr flach. Ein mittlerer Kohlensäuregehalt passt am besten, damit wird die Schorle zum idealen Durstlöscher. Ob Sie Weiß- oder Roséwein wählen, hängt von Ihren persönlichen Vorlieben ab. Es sollte nicht der billigste Wein sein. Und je ausdrucksstärker er im Geschmack ist, desto geringer ist die Gefahr, dass die Schorle langweilig schmeckt.

Rotweinschorle wird eher selten gemischt, dafür sollten Sie einen Wein wählen, der nicht tanninbetont ist, wie zum Beispiel einen Spätburgunder oder Dornfelder. Beim Mischungsverhältnis sind keine Grenzen gesetzt, für eine kräftige Schorle kann man durchaus zwei Drittel Wein nehmen, als Durstlöscher genügt aber auch ein Weinanteil von einem Fünftel. Wenn Sie Eiswürfel hinzugeben, mischen Sie ruhig eine kräftigere Schorle, denn der Mischungsanteil von Wasser und Wein ändert sich ja mit dem Schmelzen der Eiswürfel nach und nach.

EISWÜRFEL

Die Eiswürfel mit frischer Minze sind weniger ein Rezept, sondern eher ein Tipp für schöne Sommerabende. Dafür braucht man nicht unbedingt Silikonformen, es geht natürlich auch mit ganz normalen Eiswürfelbehältern. Aber natürlich sehen die Eiswürfel umso hübscher aus, wenn Sie sie zum Beispiel in kleinen Silikon-Röschen-Formen ansetzen.

Die Minze gut waschen und jeweils ein Blatt in eine Form geben. Mit Wasser auffüllen und über Nacht ins Gefrierfach stellen. Mit diesen Eiswürfeln können Sie viele Getränke optisch und geschmacklich bereichern, vom puren Wasser über Saftschorle bis hin zur Weiß- oder Roséweinschorle.

*Und als
der Wein ausging,
spricht
die Mutter Jesu
zu ihm:
Sie haben keinen
Wein mehr.*

Johannes 2,3

Ich bin der Weinstock, ihr die Reben

zu Johannes 15,1–5

Ein Handgriff in der Gartenarbeit, den ich als Kind von meiner Mutter abgeguckt habe, ist, dass man die verblühten Blüten von den Pflanzen schneidet, die noch gute Blüten haben. Damit die Kraft in die blühenden Blüten geht. Leuchtet ein, dass wir die Pflanze damit von ihrem Ballast befreien und durch unser Gärtnern helfen, die Kraft in die frischen Blüten zu stecken.

Ein Bild aus der Pflanzenwelt bietet Jesus im Johannesevangelium: »Ich bin der Weinstock, ihr seid die Reben«, und es wird beschrieben, wie der Weinstock die Rebe versorgt, dass sie Frucht bringt. Und dass sie aus sich allein heraus keine Frucht bringen kann.

Bei der Rebe mag das stimmen, aber bei mir? In unserer Welt, die von Freiheit und Selbstbestimmtheit geprägt ist, ist der Gedanke der Abhängigkeit doch ein eher befremdlicher.

Aber ich merke in vielen Situationen, dass ich an meine Grenzen stoße, wenn ich sie nur aus mir selbst heraus bewerkstelligen will. Und dass ich viele Dinge nicht allein in der Hand habe und nicht alles so bestimmen und lenken kann, wie ich es für richtig halte. Da tut es mir gut zu hören, dass ich mit Kraft versorgt werde wie eine Rebe an einem Weinstock. Mit festen Wurzeln, die mich stärken, und manchmal mit einer helfenden Hand, die eingreift, wenn ich mir selber im Weg stehe.

Denn damit die Reben gute Frucht tragen, braucht es nicht nur den Weinstock, sondern auch einen Weingärtner, der pflegt und reinigt. »Eine jede Rebe an mir, die keine Frucht bringt, wird er wegnehmen.« Gott ist dieser Weingärtner, heißt es hier. Was mag er denn wegnehmen? Was bringt in meinem Leben keine Frucht? Was hindert mich, mit voller Kraft und Energie zu leben und zu handeln? Vielleicht die Angst, etwas falsch zu machen? Oder das Bestreben, es allen recht machen zu wollen? Vielleicht der Impuls, mich nur um mich selbst zu drehen? Oder der, immer nur an die anderen zu denken und gar nicht an mich?

So verschieden wir als »Reben« auch sein mögen mit unseren »schlechten Stellen« und mit unseren Früchten: Mir gefällt die Vorstellung, dass wir versorgt werden, dass wir gestärkt werden und dass wir gepflegt werden, indem jemand das wegnimmt, was Kraft raubt, so dass wir, wie Reben an einem Weinstock, volle Frucht tragen können.

Polenta mit Ziegenkäse und Traubenchutney überbacken

Polenta mit Ziegenkäse und Traubenchutney überbacken

SIE BRAUCHEN

Für die Polenta
- 500 ml Milch
- 500 ml Sahne
- Kräuter der Provence
- Gemüsebrühe
- 250 g Polenta (Maisgrieß)

Für den Belag
- 1 Rolle Ziegenfrischkäse
- 500 g dunkle, kernlose Trauben
- ½ l Traubensaft
- 2 Zwiebeln
- 100 g Feigensenf (rot)
- etwas Sonnenblumenöl zum Anbraten
- etwas Mehl zum Andicken
- Salz, Pfeffer
- Gouda zum Bestreuen

6 Portionen
Zubereitungszeit: ca. 60 Minuten
plus Backzeit

ZUBEREITUNG

Milch, Sahne, Kräuter und 1 EL Gemüsebrühe zum Kochen bringen. Den Maisgrieß einrühren, kurz aufkochen lassen und die fertige dickbreiige Polenta auf ein mit Backpapier ausgelegtes Blech streichen.

Die Polenta erkalten lassen, danach ein großes Küchenbrett über die kalte Polenta legen, alles einmal umdrehen, so dass die Polenta jetzt auf dem Brett liegt. Das Backpapier abziehen und die Polenta wieder aufs Blech stürzen.

Für das Traubenchutney die Haut der Trauben abziehen (ist viel Arbeit, lohnt sich aber wirklich). Die Zwiebeln in feine Streifen schneiden und in etwas Sonnenblumenöl in einem Topf glasig anschwitzen. Die gehäuteten Trauben, den Traubensaft und den Senf dazugeben und gut aufkochen lassen. Mit Salz und Pfeffer abschmecken. Etwas Mehl in einer kleinen Schüssel mit etwas kaltem Wasser anrühren und unter Rühren in den Topf geben, um die Sauce etwas zu binden.

Den Ziegenkäse in Scheiben schneiden und auf der Polenta verteilen. Das Traubenchutney über den Ziegenkäse geben und mit geriebenem Gouda bestreuen.

Im vorgeheizten Backofen bei 180 °C Umluft auf der mittleren Schiene ca. 30 Minuten goldbraun backen.

Ich bin der wahre Weinstock und mein Vater der Weingärtner. Eine jede Rebe an mir, die keine Frucht bringt, nimmt er weg; und eine jede, die Frucht bringt, reinigt er, dass sie mehr Frucht bringe.

Johannes 15,1–2

Ich sah einen neuen Himmel und eine neue Erde ...
zu Offenbarung 21,1

... denn der erste Himmel und die erste Erde sind vergangen, und das Meer ist nicht mehr«, heißt es in Offenbarung 21,1 im letzten Buch der Bibel. Johannes beschreibt hier seine Vision von dem, was kommen wird am Ende aller Tage.

Wie mögen sie aussehen, dieser neue Himmel und die neue Erde? Und würde man es in einem Gericht ausdrücken, welches wäre es? Diese Frage hat uns im Kochbuch-Team sehr beschäftigt. »Ohne Blutwurst, vegetarisch oder am besten ganz vegan«, war eine Meinung, »den neuen Himmel möchte ich mir ganz und gar gewaltfrei vorstellen«. Also: Zucchinipuffer statt Blutwurst. Aber nicht für jeden ist eine fleischlose Lebensweise gleich himmlisch, und auch dabei mache ich mir andere Lebewesen zunutze, nämlich Pflanzen. Also gab es keinen Konsens für diese Variante des »neuen Himmel und Ääd«.

Vielleicht ist die kulinarische Vorstellung vom Himmel eher, dass sich das Essen von selbst zubereitet ... Diese Idee versucht »Kesselsknall« aufzugreifen, ebenfalls ein Klassiker aus der rheinischen Küche, der mit Kartoffeln und Äpfeln Himmel und Erde andeutet und sich (nach einigen – dem Diesseits geschuldeten – Vorbereitungen) im Ofen quasi von selbst kocht.

Wie mögen sie kulinarisch aussehen, der neue Himmel und die neue Erde? Unsere Antwort ist uneindeutig. Aber es war gut, sich Gedanken zu machen und sich darüber auszutauschen: Was ist mir wichtig? Wie würde ich mir den neuen Himmel vorstellen? Und schlussendlich: Wie würde ich das kulinarisch zum Ausdruck bringen?

In unseren beiden Vorschlägen für das »neue Himmel und Ääd« steckt, anlehnend an unsere Diskussion: Man kann das »Alte« wiedererkennen. Nicht alles ist schließlich schlecht im Hier und Jetzt. Erdäpfel und Früchte, die in Richtung Himmel, also an Bäumen wachsen, enthält auch das »neue Himmel und Ääd«. Aber auch für Überraschendes und für Kreativität stehen die Gerichte. Denn ich bin mir sicher, dass Gott viele kreative Lösungen finden wird für den neuen Himmel und die neue Erde, nicht nur für die Frage, wie die Ernährung aussehen kann, damit sie gewaltfrei und himmlisch ist. Und davon lasse ich mich gerne überraschen.

Kesselsknall mit Apfelmus oder Zucchinipuffer mit Birnenspalten

Kesselsknall mit Apfelmus

SIE BRAUCHEN

Für den Kesselsknall
- 2,5 kg Kartoffeln (vorwiegend festkochend)
- 4 Zwiebeln
- 3 Eier
- Salz, Pfeffer, Muskat
- 200 g geräucherten Speck
- 4–5 Mettenden (Knacker)
- Haferflocken
- Sonnenblumenöl

Für das Apfelmus
- 5 säuerliche Äpfel (z. B. Granny Smith)
- etwas Apfelsaft
- 2–3 EL Zucker
- etwas Zitrone
- etwas Butter

5–6 Portionen
Zubereitungszeit: ca. 60 Minuten

ZUBEREITUNG

Die Kartoffeln schälen und in nicht zu feine Streifen raspeln (mit der Küchenmaschine geht es schneller als mit der Handreibe), danach gut ausdrücken. Ein paar Minuten stehen lassen. Die abgesetzte Kartoffelstärke in der Schüssel zurücklassen, aber die bräunliche Flüssigkeit (das Kartoffelwasser) abgießen.

Speck und Zwiebeln würfeln. Etwas Öl in einen Bräter geben und heiß werden lassen. Beides darin anbraten.

Mettenden in Scheiben schneiden. Nun die Eier, gebratenen Speck und Zwiebeln sowie die Wurstscheiben zu der Kartoffelmasse geben und alles miteinander verrühren. Mit Salz, Pfeffer und Muskat abschmecken. Ist die Masse noch zu feucht, kann man diese mit ein paar Löffeln Haferflocken abbinden.

Nun die Masse in den Bräter geben, Deckel drauf und für knapp 2 Stunden im vorgeheizten Backofen bei 180 °C Umluft auf der unteren Schiene garen. Nach der Hälfte der Garzeit den Deckel entfernen.

In der Zwischenzeit für das Apfelmus die Äpfel schälen, vom Kerngehäuse befreien, in Würfel schneiden und mit etwas Zitrone beträufeln. In einem Topf etwas Butter erhitzen und die Äpfel darin andünsten. Den Zucker und einen Schuss Apfelsaft hinzufügen und die Apfelstücke weichkochen, bis ein stückiges Mus entsteht. Wenn das Apfelmus nicht für den Kesselsknall benötigt wird, kann auch eine Vanilleschote oder eine Zimtstange mitgekocht werden. Den Kesselsknall auf Teller verteilen und das Apfelmus dazugeben.

Ich sah einen neuen Himmel und eine neue Erde; denn der erste Himmel und die erste Erde sind vergangen, und das Meer ist nicht mehr.

Offenbarung 21,1

Zucchinipuffer mit Birnenspalten

SIE BRAUCHEN

Für die Puffer
- 1 kg Kartoffeln (mehligkochend)
- 500 g Zucchini
- 5–6 EL Mehl
- 4 Eier
- Salz, Pfeffer, Muskat
- Sonnenblumenöl

Für die Birnenspalten
- 4–5 Birnen
- etwas Butter
- Zucker

4 Portionen
Zubereitungszeit: ca. 30 Minuten

ZUBEREITUNG

Die Birnen schälen und in Spalten schneiden. Die Butter in einer Pfanne erhitzen, die Birnen in die Pfanne legen, mit etwas Zucker bestreuen und von beiden Seiten kurz anbraten. Aus der Pfanne nehmen und auf einem Küchenkrepp zur Seite stellen.

Kartoffeln und Zucchini fein raspeln, in eine Schüssel geben und mit dem Mehl vermengen. Eier, Salz, Pfeffer und Muskat verquirlen und mit der Kartoffel-Zucchini-Masse vermengen. Den Pufferteig kräftig abschmecken.

Öl in einer Pfanne erhitzen und die Puffermasse als kleine Häufchen ins heiße Fett setzen, flachdrücken und ca. 3–4 Minuten auf jeder Seite goldbraun backen. Die gebratenen Puffer auf Küchenpapier abtropfen lassen, auf die Teller legen und mit den Birnenspalten anrichten.

Neuer Himmel und neue Erde – für mich

Wie ist der neue Himmel und die neue Erde kulinarisch für Sie?
Hier findet es Platz, denn »himmlisch genießen« kann und soll
natürlich auch eine persönliche Sache sein.

MEIN REZEPT

....

ZUTATEN

ZUBEREITUNG

....

....

....

....

WIR FREUEN UNS

MEINE GEDANKEN DAZU

Wir freuen uns, wenn Sie uns
Ihr Rezept, Ihre kulinarische
Vorstellung vom »neuen Himmel
und der neuen Erde« und
Ihre Gedanken dazu zuschicken
unter info@kirchenpavillon.de.

....

....

....

Wer weiß, vielleicht wird daraus
ein zweites Kochbuch –
»Neues Himmlisch genießen«.

»HIMMLISCH« IST DARAN FÜR MICH

....

....

....

Hier ist Platz für Ihr Bild

Ich sah einen neuen Himmel und eine neue Erde ...

Der Kirchenpavillon

AM BONNER KAISERPLATZ

Dass Körper und Seele zusammengehören, weiß wahrscheinlich jeder, spätestens, seitdem das Stichwort »Ganzheitlichkeit« unser Leben und unser Gesundheitsbewusstsein prägt. Im Evangelischen Kirchenpavillon in Bonn bestimmt »Gutes für Leib und Seele« das Programm. Inhaltliche Impulse gestalten den Tagesablauf und den Raum, im Bistro gibt es frische, abwechslungsreiche Küche. Und immer wieder verschränken sich Nahrung für den Leib und Nahrung für die Seele. In diesem Zusammenhang ist auch dieses Kochbuch entstanden: Unter dem Titel »Bibel geht durch den Magen« haben wöchentlich wechselnde Gerichte im Bistrobetrieb das zusammengeführt, was im Kirchenpavillon zusammengehört: Leib und Seele.

Der Kirchenpavillon ist das besondere Bistro der Evangelischen Kirche im Herzen von Bonn. Das Christliche im Alltag aufzuspüren und in den Alltag hineinzutragen, ist das Anliegen der Stadtkirchenarbeit, die hier stattfindet. Wer den Kirchenpavillon betritt, findet sich in einem Raum, der mit soliden, unverputzten, prunklosen Wänden die geradlinige Schmucklosigkeit der Evangelischen Kirche widerspiegelt, mit großen Fensterflächen ihre Transparenz verkörpert und mit gestalteten Glasquadraten in den Fenstern neugierig macht, was wohl hinter den Strichcodes aus farbigem Glas verborgen ist.

Die Codes stehen für zwölf zentrale Begriffe christlichen Glaubens – manche weiß man, andere überraschen! Ob man bei einem Getränk oder Essen die Ruhe genießt, ob man mit Freunden zusammensitzt oder an einem »Stillen Mahl« teilnimmt, sich von einem fünfminütigen Impuls im Alltagstrott unterbrechen lässt, Informationen zu sozialen oder kirchlichen Angeboten sucht, ein Beratungs- oder Seelsorgegespräch führt, wieder in die Evangelische Kirche eintritt oder sich an den interaktiven Jahresthemen beteiligt – Raum und Mitarbeitende vermitteln: Jeder Mensch ist hier willkommen, seine Gedanken und Impulse sind wichtig. Und man kann etwas mitnehmen, eine Idee, ein kleines Impulskärtchen, eine gute Begegnung, und jetzt auch ein kulinarisch-theologisches Lesebuch!

Der Kirchenpavillon in Bonn, nominiert für den German Design Award 2017, Kastner Pichler Architekten, Köln

KONTAKT

Evangelischer Kirchenpavillon Bonn
Träger: Evangelischer Kirchenkreis Bonn
Leiterin: Martina Baur-Schäfer
Kaiserplatz 1a, 53113 Bonn
Telefon: 0228 - 63 90 70
E-Mail: info@kirchenpavillon.de
www.kirchenpavillon.de

Öffnungszeiten
montags bis freitags, 10 bis 18 Uhr

GEFÖRDERT UND UNTERSTÜTZT

Gefördert wurde die Buchidee durch Andere Zeiten e. V., Hamburg.

Als Buchpaten haben dieses Buch unterstützt:
Renate Nakkel, Bonn
Klaus Nötzel, Bonn
Rolf Stengert, Bornheim

Wir danken allen Förderern und Unterstützern herzlich!

IMPRESSUM

Bibliografische Information der Deutschen Nationalbibliothek: Die Deutsche Nationalbibliothek verzeichnet diese Publikation in der Deutschen Nationalbibliografie; detaillierte bibliografische Daten sind im Internet über http://dnb.d-nb.de abrufbar.

© 2018 by edition chrismon in der Evangelischen Verlagsanstalt GmbH · Leipzig und Deutsche Bibelgesellschaft · Stuttgart

Printed in Germany

Das Werk einschließlich aller seiner Teile ist urheberrechtlich geschützt. Jede Verwertung außerhalb der Grenzen des Urheberrechtsgesetzes ist ohne Zustimmung des Verlags unzulässig und strafbar. Das gilt insbesondere für Vervielfältigungen, Übersetzungen, Mikroverfilmungen und die Einspeicherung und Verarbeitung in elektronischen Systemen.

Das Buch wurde auf alterungsbeständigem Papier gedruckt.

Fotos: Sandra Then, Bonn; außer Seite 143: Kastner Pichler Architekten, Köln
Gestaltung: Anja Haß, Leipzig
Bildbearbeitung, Druck und Bindung: DZA Druckerei zu Altenburg GmbH

ISBN 978-3-96038-164-8
www.eva-leipzig.de

ISBN 978-3-438-06297-0
www.die-bibel.de